AF369255

www.ingramcontent.com/pod-product-compliance
Lightning Source LLC
LaVergne TN
LVHW040516200726

بيوغرافيا الليل

محمود هدايت
MAHMOUD HEDAYAT

بيوغرافيا اللَّيل

مُقارباتٌ في مناماتٍ إبداعيّة

دراسات

SAMEH Publishing — دار سامح للنشر

«الكاتب ألعبان مشعوذ مثلما هو طبيب، إنَّه طبيب مرضهُ الخاص.
والأدب صيغة وأسطورة. لُعبة التخييل الحكائي والمصحّ الذي
يُعالج فيه الهذيان الذهاني، هذيان البارانويا»

– جاك رنسيير، الكلمة الخرساء

ترجمة: سلمان حرفوش

ختن السعادة الغامضة

إذا لم تكن حريتي في الكتاب، أين ستكون؟

إذا لم يكن كتابي حريتي، ماذا يكون؟

لا يمكن للحقيقة إلا أن تكون عنيفة، ليست هناك حقيقة مريحة.

كل عنف هو في النهار.

الموت الذي هو نهاية النهار هو أيضاً عنف بلغ مداه.

في كل وقت كان اللاإداري هو ما لا يمكن تفاديه.

إلى الأبد سيبقى الغد منفتحاً على الغد: الحقيقة على الحقيقة، النهار مفتوحاً على النهار، الليل على الليل، سيبقى العنف مفتوحاً إلى ما لانهاية على العنف.

عنف الكتاب يُمارس على الكتاب: مقاومة ضارية.

أن تكتب، سيكون ربما هو هذا الاقتران في الفعل بالأطوار

اللامتوقعة لهذا الصراع حيث الإله الذي هو الذخيرة غير المشكوك
فيها لقوى عدوانية هو الرهان المتعذر قوله.

- إدمون جابيس، كتاب الهوامش

ترجمة: رجاء الطالبي

***

في المياه العميقة للمعنى الهارب

ثمّة كتابة نهاريّة قدرها الصباحات البائسة والنفوس شبه الطبيعيّة؛ كتابة هادئة، ومطمئنة، وسطحيّة الطروس، وناعمة الملامس، وذلك في مقابل كتابة «نوكتيرونيّة» تصنعها النفوس الاستثنائيّة داخل ورشة الدياميس المرعبة. كتابة صاخبة وقلقة وعميقة الأغوار، وناتئة المدارك. لنقل، على سبيل الاستعارة، إنّها محبرة شديدة السواد، نازفة من الروح اللاّمتآلفة مع أنظمة العالم المتكلّس، يستعين بها نبّاش لحود في مقابر الأبديّة، مثل محمود هدايت، كي يدوّن بيوغرافيا اللّيل، تلك الطالعة من منامات الشخصيّة جداً، والحداثيّة تماماً والغرائبيّة بامتياز، المسكونة حدّ الطفاح بجماليات الفنّ وحدوساته المغايرة، والمضطرمة إلى درجة العصيان باختبارات الأثر الجميل وفتوحاته المغامرة.

من تضاريس أجساد زها حديد وعرة السّنن، إلى مخلوقات جياكوميتي العدميّة الناحلة كأشباح الجزر غير المسكونة، مروراً بنرد هاينر موللر الجهنميّ، وفداحات بومة الصادق هدايت، وتمزّقات حنجرة جاك بريل، وخرابات الجسد الإنسانيّ في أعالي برفورمانس جوزيف بويز. فها هنا، أقصد داخل أركيولوجيا هذا الكتاب متعدّد الأصوات الكرنفاليّة والطبقات الرسوبيّة، لا عزاء ولا أمان

للمقيمين المهادنين من أهل اليابسة، الرابضين بمنأى عن ارتحالات التخوم الشائكة، وبمنجاة من قفزات الحواف المهلكة. في بيوغرافيا اللّيل يستخدم محمود هدايت كلاً من ذائقته الغجريّة، وعينه الباطنيّة الثالثة، كما لو كانا مزواة مسّاح محترف، وبواسطتها يستجلي غوامض طوبوغرافيّا الفنون البصريّة والأدائيّة والكتابيّة غريبة الأطوار، ثمّ يحدد أبعاد السحر والحذق وجاذبيته داخل طواياها وبين صلب وترائب شعريّاتها الاستوائيّة. يكتب محمود هدايت، فتتقوّض أركان المُمكن، ويُشرع المستحيل في الحديث دونما هوادة بلسان طويل ونظيف وفصيح، مثل جسر صخريّ يمتدّ من اليابسة في اتجاه المياه العميقة للمعنى الهارب.

– أنيس الرّافعي

***

بيوغرافيا الليل

«طعنة في هواء المستحيل.. تعرية للكتابة»

عندما تجتمع الكتابة بوعي لا واع عن تفاصيل التمرّد الثائر على اللغة، تتغيّر قناعة القارئ تلك التي يعتبر فيها أن المثقف يلوّن بالفكرة عمق التواصل، ودوره ثري وحضوره ثراء، ربما لأن القناعة التي يكوّنها ذلك القارئ لكل صنوف الآداب والفنون بمراحلها وعبر عصورها، تكاد تكون انتصارا حسيا مبنيا على الفكرة السطحية التي تحمله إلى تصديق أنها الفكرة المثالية، التي لا نقاش فيها ولا جدل يطال تفكيكاتها المعنوية في ترتيب الحضور الخالد لتفاصيل صراعاتها عبر الأزمنة، فيبني من خلالها أساطيره ويعاود وفقها تصديق الخيال، ذلك الذي حملنا إليه محمود هدايت في «بيوغرافيا الليل».

فقد أراد أن يعطي للقارئ رؤية أخرى بعيدة كل البعد عن تلك المثالية القريبة من أسطورة الفعل الراسخ في زمن الإبداع فهو مثل جوزيف بويس يعتبر أن اللغة والكتابة والفنون غذاء كامل الفعل الإشباعي ولكل ذوقه ومذاقه

فهو جمالي جداً مثل منحوتات رودان وسريالي في توكيد تفاصيل القبح في الجمال المثير مثل وجوه جياكوميتي النحيلة الشاحبة التي تحفر في تفاصيل الواقع حد الجنون الذي يلعن تفاصيل الخلق المثبت على تشوهات التعبير عن واقع الصخب المتصادم مع الحياة، إنه يحفر في نتوءات الفراغ بالصمت الثائر عبر الحرف ويعيد بفلسفاته قراءة الإبداع الإنساني ليس سرداً، وإنما محاكاة لحواسه الذهنية وحكمته التائهة في ذلك الترويض الإبداعي.

مثلما رأى بويس في كل ذلك الفن الإنساني تشكيلاً كان أو أدباً شعراً أو نحتاً، مسرحاً أو سينما، غذاء لجوع المعرفة الطيّعة، التي يرى فيها أن كل إنسان فنان، وكل فنان مبدع، ولكن حسب درجة تقبّل ذلك الإنسان لماهيّته الوجودية وتعامله مع صراعاته الذهنية والفلسفية والوجودية والحسية، في خضم كل ما مرّ عبر المراحل المكوّنة لتفاصيل البقاء الإنساني إلى دخول معامع التقني والصناعي والاستهلاكي والتشيئي.

ذلك الفن والإبداع الذي حاكاه محمود هدايت وتمازج مع تلك الطبيعة الحادة التي أسّست لمراحل التجريب عند كل فنان ليكون هو أيضاً فناناً منهكاً نفسياً واجتماعياً، له أحلامه وتفاصيله الخيالية الصادمة التي تسعى إلى التماهي بتلك الصدمة أبعد في التجريب، والتي تحمل بالضرورة فكرة أن الفن استطاع أن يمنحنا قدرة المواجهة مهما قست علينا عوالمنا والقوالب والأحكام؛ فكل تجربة ترتّبت عن معاناة القصص والحكايا، وبالتالي فعند القراءة لمحمود هدايت ستتكوّن الفكرة العاقلة الرصينة من البحث في الجنون الحكيم بين الصلة التي تصل الأدبي بصرياً والبصري أدبياً حتى تتعانق رغبات التشكل في الصورة مع نزوات الإثارة في اللغة سرداً ونثراً.

إنها مغامرة الثراء التي تدفع لنحت الوقت والتاريخ خارج دوائر الفراغ

وخارج نطاق المعقول الحسيّ فكما يقول محمود المسعدي إن الأدب مأساة أو لا يكون، أراد هدايت من خلال كل فنان وكاتب ومشتغل على تفاصيل الفنون، أن يبرهن أن تلك المأساة ليست سوى ملهاة جمالية في عوالم الفنانين والكتاب والشعراء أرادوا من خلالها تفعيل الصياغة الحسية والفكرية ومواجهة ميدوسا الأسطورة بمرايا اللّذة وإبهارها بصورتها في ملاحم التاريخ، ربما لأنه يعلم أنه يعالج فكرته العاقلة بقلمه المجنون في مجون تصاعدي يعابث عتمة الصور التي احتلها التاريخ في شكل إبداع خالد وتساؤلات باقية على معنى الفكرة والصورة في الإبداع.

إن هذا الأثر الجمالي بلغته المحلّقة الباذخة التشريحية في التفصيل السريالية المتكالبة بلهفة حسية وذهنية وصدامية وكأنها تحمل فؤوس البحث وتقطع رؤوس الأحكام المسبقة وتنصف حيناً وتشتم حيناً بإتقان جمالي مقنع مستفزّ ومثير لشهوات البحث الداخلي والتوغل أكثر، إن هذا الأثر الكتابي لا يمكن إلا أن يترك تأثيره الصاخب الذي يطرح التساؤل الدائم عن ماهية الفنون والأخيلة ودرجات الفهم للاستيتيقي المحرّر من ماورائيات الفكرة نحو الخلاص من المجاز والرمز القراءة التي يدعونا إليها هدايت.

– بشرى فاطمة، تونس
ناقدة تشكيلية

***

نحّات هيئة الجحيم

كيف يرى الموت ظلّه في مخلوقات نحتية ترتفع بأطراف جحيمها عن الأرض الموطوءة بالخراب، كي تصل سماء العزلة، تلك التي يتعقبها الكائن في زمن الاستلاب الإنساني المداس بمجنزرات الخيبة الذاتيّة في مصائر الوجود التي استطاع جياكوميتي اكتناه عوالمها الغائرة في الضمير البشري، وبطبيعة الحال، لا يبلغ الفن هذه المراتب إلا بعد امتصاص الفنان لجحيمه، بوصفه جرحاً سرياً يؤهله من لحس حوافّ سكين المحنة الوجودية. وقد استغور جان جينيه عالم جياكوميتي كأنه يبحث عن زمن ضائع في جسده، أو موت لا يعرف هيأته سوى الفنان نفسه. هكذا استدرج جياكوميتي صديقه إلى مراتع الجحيم المتخفي في الروح والجسد قبل العقل، فكتب جينيه نصّه الشعري والفكري في آنٍ واحد، مستعلماً فيه عن مكامن نصاعة ذلك الجرح النابت في اللحم الأسطوري لتجربة جعلت من النحت ممراً سريّاً لعناق تلك الوحشة، حيث بلاغة الألم هي النضيدة الفكرية لجسد الوجود المأهول باعتكاف الزمن داخل الإنسان.

ينبّه سارتر في تناوله لمخلوقات جياكوميتي إلى «أنه لا يطمح للأبدي»، فهو يرى الفن حالة حدية تحضر لتقول سرَّها في بئر الوجود، الذي هو الجسد، ثم

تنصرف إلى زوالها. ويستطرد سارتر بأن النحت قبل جياكوميتي فنٌّ معنيٌّ بإنتاج الجثث، لكن مع مجيئه أخذ هذا الفن يستمد من الحياة مثاله الفني؛ فوجوهه تثبت بأن الألم يمنح الشكل الإنساني إيقاعاً أسطورياً، وهذا ما أبرزه هوس جياكوميتي في مطاردة ظلال العدم في شوارع باريس.

تتسم عوالم مخلوقاته بتوسعة الحيِّز الوجودي للعمل الفني، ذاهباً بذلك نحو اجتراح أحياز تستلّ من الشكل الفني نفسه فضاءها الخاص، بذلك يعمد إلى إزالة «سمنة المكان»، لكن أي مكان يعنيه سارتر؟ أيعني أنه يتسامى بالمثال إلى درجات التفكير بانضغاط الحياة داخل الشكل الفني المراد خلقه، ليحل الإيهام الوجودي، فنغدو في حيرة؟ هل نحن أمام عمل فني أم عاهة جديدة؟ وهل بغير تمثلات الموت يستطيع الفنان أن يؤثِّث حيزه بالترحال الدائم خارج المكان؟ ربما بهذا وحده تزال سمنة الأمكنة، لأن العمل الفني يسكن عقل الزمن وجسده، وليس كما يظن بعض من الفنانين من ضيقي الخيال والتجربة. ففي استبصار عالم تلك المخلوقات نتبين ثمة إشارات لموت الزمن الفني، إذ في التنزه بين جدران ذلك القبو الروحي للفنان، المتمثل بمحترفه الخاص، نلتقي بعدد من الأعمال المهشمة، والمركونة تحت الطاولات من رسوم ومنحوتات، ويعلل سارتر هذا السلوك بأن جياكوميتي يبتعد عن فرضية موازاة الفن للحياة، فهو يرى أن محنة الإنسان الوجودية أعلى قيمة من معجزات الفن الكبرى، ولا خلود للإنسان إلا في تشرّده الداخلي، وقد أثبت ذلك في ما خلق من أعمال فنية تفوق أنموذجها، وفي كلتا الحالين هو ميال للوجود الفني لا الموجود المكاني، وأعني المتاحف، وصالات العرض، وتأكدت نزعته هذه في مهاجمته لبيكاسو الذي أفسد الفن؛ لأنه أصر على تأطيره بمصطلح تعليمي في ذهابه نحو المدرسة التكعيبية، فالفن بالنسبة لجياكوميتي عدمٌ قبل أن يكون حياة، وهل ثمة مدارس للعدم سوى

الفناء؟ كذلك رفض دعوة السرياليين بأنه واحد منهم، متبنياً ممارسة الفن بمنأى عن الاتجاهات، وبشأن نزعته التدميرية يكتب جان جينيه بأن «فن جياكوميتي مقدم لجمهور الموتى»، فمن غير المعقول أن يحتفي الأحياء بالموت. يبدو لي أنه بالحفر على ترسيخ هكذا أعمال، أراد أن يعين الإنسان على إزالة القماشة عن تماثيله الوجودية: الأجساد، التي يسعى بمكر منه إلى التغاضي عن نسخته الأصل. وبحسب فهمنا لجوانية أعمال جياكوميتي فأن النحت لديه محاولة في إزاحة الستارة عن كواليس الموت وعدم الجدوى، ويسند رؤيتنا هذه ما قاله جياكوميتي لجينيه: إنه كان يفكر في أن يصوغ تمثالاً ويدفنه، ويحق لنا التساؤل نيابة عن جينيه: هل كان دفن التمثال يعني اقتراحه على الموتى؟ ربما الموت من وجهة نظره هو موعد لمعرض فني يقام تحت التراب، أو هو فعل احترازي يقوم به الفنان لإدامة تماثيله، وللحفاظ عليها من التفسخ اللاإنساني، يعني أن الموت هو انتقال تماثيل بشرية من عالم إلى عالم آخر أكثر رحابة وتأملاً.

لقد حرّر جياكوميتي النحت من سلطة تماثل الرؤية، فتقاطع مع ثقافة النسب، والمقاسات المعتادة حيث اضطلع بمهمة رسم زمن الكائن ونحته وليس شكله، فالأخير توافقي والفنان الرائي مهمته اصطياد الإشكالي، ويتوافق هذا ورأي الكاتب فاروق يوسف بأننا نخون جياكوميتي لو فكرنا بالتقنية؛ ذلك لأن العقل هو الفرن التقني، في حين يشتغل جياكوميتي بحواسه، وأي مراعاة للعقل لدى شريد حانات وبيوت داعرة، وبعبارة أدق: إنه كان ينحت استجابة لاهتزازات تنتابه دافعة إياه نحو اهتزازات تغذيه بأشكال تسكنه، جاعلا منها أرشيفاً بصرياً لسيرته الذاتية.

إن جياكوميتي فنان كهفي، يباغت العمل الفني من الذات الغامضة، يقعّر مرآة الهشاشة بسؤال عن الروح الباصرة التي تقطن جسد اللاشيء، مندفعاً

في أزمنة الخوف والتلاشي، وهذا ما تستظهره حركات مخلوقاته وهي مسرعة نحو انعكاسها الأنطولوجي هناك بعيداً في أقاصي عزلته. إن المبالغة في طول الأطراف السفلية إشارة جلية لطغيان زمن اللاإنساني، فتظهر للناظر كأنها تستبق الزمن، لكن العكس هو الصحيح، إذ بهذه الاستطالة تفصح عن عجزها، وأنها مخلوقات غارقة في الكسل الذي هو أساساً إدانة للزمن، فالسقوط هو النتيجة المتوقعة لعدائي الهواء.

وكما تفرّد في خلق كلابه الخاصة النابحة بالفراغ على زحمة ما يواجهها من أهوال، انهمك جياكوميتي في إطعام وجوه مخلوقاته من ملامحه الأسطورية، فوجهه يشي بحديث مطول مع الموتى، فعند النظر إليه تشعر كأنك تستقرئ ذاكرة الموت بنسخته الأصل في وجه منسحب إلى مغارة الروح بصرامة؛ وحتى عندما يحدث مخلوقاته يتبدى الحس الأوديبي من تلك التحديقة الناجمة عن بصيرة مستنفرة بالعدم كأنهما يعاتبان بعضهما على ذنب قد اقترف منهما، فيشتبك اللحم بعجينة الجِصّ، ويذهب كل منهما لالتهام الآخر، كأنهما في طقس لآكلي لحوم البشر، آنذاك يكتشف جياكوميتي بأن النحت هو فن مضغ الإنسان، وتحويله إلى عصيدة، ثم دلقها في صحن القدر.

***

جنون هاملت

«لا ريب أننا جميعاً مجانين،

والذين نظنّهم مجانين ليسوا كذلك

إننا نُخطئ معهم

فنحن المجانين عقلاً،

وما هم كذلك إلا في الثياب»

- أنتوني سكولوكر

«إنَّ هاملت أفضل عمل درامي وشاعري في العالم كلّه، لأنَّها تطرح أكثر المشاكل أهمية والتي كانت موجودة في عصر شكسبير، ووجُدت قبله وسوف توجد بعده. وهذه الدراما لا تنصاع للإخراج وكل من أراد إخراج هاملت كان ينتهي إلى التقليد، إن هاملت سرّ كبير وأنا أطمح إلى إخراجه، وأعتقد أنَّ معنى هاملت يتلخص في أنَّ إنساناً ذا مستوى روحي عالٍ مرغم على العيش وسط الناس الواقعين في مستوى منخفض للغاية. إنسان المستقبل مرغم على العيش

في الماضي، ولا تكمن دراما هاملت بكونه محكوماً عليه بالموت، وهو يموت فعلاً، إذ إنَّ ما يهدده هو الموت الأخلاقي والروحي. إنَّه مضطر للتخلي عن طموحاته الروحية والتحوّل إلى قاتل عادي أو إلى الانتحار من دون أن يُنجز واجباته»

يتحدد الشكل الحي للمسرح في إعانة الممثل للغة على اجتياز تخومها بتحويل المنطوق إلى مقام بصري في مذبح العدم المتمثل بالجسد. والأخير ما إن يحضر تُزاح الغشاوة عن منطقية العقل، فيستحيل إلى إيقاع حسي، إذ لا مقام للعقل في الفن، بل ثمة تعقّل حاسي قائم على ترحيل أُسّ التفكير النيتشوي: الجسد من جغرافية الجواب التي هي العقل إلى عوالم السؤال في البحث عن تضاريسه في جينالوجية الجسد بوصفه سطحاً للمعارف ومكونها الأبدي، وليس ثمة حاسة بمقدورها اكتشاف تلك التضاريس سوى من نتهمهم بالجنون من فنانين وكتاب وفلاسفة، والحق أنَّهم ليسوا بمجانين، إنما هم اجتهدوا في التزوح من حاسة العقل التي هي المنطق إلى العقل الحواسي بوصفه ملجأً حيادياً ومُنجداً من الغرق الإيديولوجي، فالجنون الإبداعي هو إبيلوج يُجنب الفكر مخاطر الصرعة التوافقية المتوقعة.

لقد حُفرت ملامح التنظير للجنون في المسرح على يد هاملت الشخصية المعرفية قبل أن تكون درامية، وتعد حيرته جذر القلق الكوسموبوليتاني، لأنَّ الجنون هو فكرٌ يسعى لأن يكتمل بتردّد، بل هو محاولة جمع فراغي في الفراغ، المشهد الذي يأخذ فيه الإحساس مهمة الرقيب الفكري الراصد لتحركات العقل وهو يحاول تغليب حضوره على المتخيل الفني، وأنَّ احتماء المجنون وتدرعه

بالحاسّة سببه أنَّه يرى في العقل ذاك الكهل المهذار الطاعن بالقولبة، لذا يراهن على صمت الحاسَّة الذي هو اقتصاد في اللغة وليس الكلام، فالصمت كتابة، وتمزيق الثياب والتعري كتابة. ففي عالم الجنون «كل شيء يكتب، حتى الذبابة تكتب موتها على وجهه» مارجريت دوراس، وليس سوى الذبابة بمقدورها تدوين لحظة انجراح الكلمة بسكون وتحنط الإله على ذلك الوجه، وهذا عينه ما لمسناه في شخصية هاملت التي اتخذت من الجنون وسيطاً في ملامستها حيرة الفرد في زمن الجحيم، فجاء جنونه فاكاً الالتباسات العقابية والرقابية للعقل، الثنائية التي سعى ميشيل فوكو كثيراً بها الى تأكيد غطرسة العقل.

الملك: قل لي يا هاملت... أين بولونيوس؟

هاملت: على مائدة العشاء.

الملك: على مائدة العشاء؟ أين؟

هاملت: ليس حيث يأكل، بل حيث يؤكل، إن حشداً من ديدان السياسة الدُهاة مجتمعون عليه. الإمبراطور إذا مات أصبحت الدودة التي تأكله هي الإمبراطور! فنحن نُسمن جميع المخلوقات الأخرى لكي نُسمِّن أنفسنا، ونسِّمن أنفسنا من أجل الدود! مليككم السمين، وشحاذكم الهزيل ليسا إلا لونين مختلفين على مائدة واحدة هذه هي النهاية.

إنَّ السرَّ في هذا الحوار يقول إنَّ لدى هاملت لسانين هما الشاعر والفيلسوف، إذ يستعين بالأول عندما يُحدِّث نفسه، في حين يُفعِّل لسانه الفلسفي في خطابه للآخر؛ ذلك لأنَّ الجريمة هي إحساس وحدس، وإن كان ثمة عالم انجمع به الاثنان، فهما الفلسفة والشعر، في تلميح منه أنَّه «منشغلٌ بالتفكير أكثر من

الفعل، لكن هذه العبقرية الفكرية هي أحد العوامل التي أقعدته عن القيام بذلك الفعل»،[1] والشعر كما يعرّفه نيرفال هو تفكير بالحواس. إذن، تردّد هاملت متأتٍ من تغليبه الشعري على الفلسفي، أي تقديم مشورة اليد على أحكام الرأس؛ لأنّه يرى في الجنون تنديداً بزعامة العقل، والأخير ما تبتغيه الفلسفة ويرفضه الأدب والشعر خاصة.

إنَّ الرمزية التي أضفيت على هاملت من خالقه شكسبير تُشير إلى رهان المؤلف على العبور بالشخصية من خشبة النص إلى خشبة الحياة، في ضرورة تمتين أواصر الشخصيتين (المادي، والظلّي) في شخصية واحدة، وفي هذا انتباهة شكسبيرية واضحة إلى الدفع بهاملت إلى جغرافية الأعصاب السائلة بالانقلاب على وجودها قبل انقلابها على الآخرين، ويظهر ذلك في تعامله مع أوفيليا. ويعد الصراع الأوفيلي هو شيفرة الجنون الهاملتي المترسم في كلمات كان لتردادها إيقاع ملتبس بالنسبة لشخصية أراد لها شكسبير أن تكون حجر الأساس في نص «أشبه بالإسفنجة. إذا لم يُخرج على شكل مقولب أو عتيق، فإنه في الحال يمتص جميع مشكلات عصرنا. إنها أغرب مسرحية في تاريخ المسرح كلّه»،[2] وتكمن غرابتها في تثليم الشخصية منطقياً، ثم إعادة تركيبها بدائرية حاسية لا تنقطع حتى بعد موت مفتاحي الصراع.

هاملت: ها، ها! أعفيفة أنتِ؟

أوفيليا: سيدي!

هاملت: أجميلة أنتِ؟

(1)   أحمد سخسوخ، تجارب شكسبيرية في عالمنا المعاصر/ 22.
(2)   يان كوت، شكسبير معاصرنا/ 80.

أوفيليا: ماذا تعني يا سيدي؟

هاملت: أعني إن كنتِ عفيفة وجميلة معاً، وجب على عفافك أن يجعل الوصول إلى جمالك محرَّماً.

في عالم هاملت يُقرأ الجنون إنتروبياً في اعتماد تجسير مضاد يجمع بين رعب الوجه الملائكي المرآوي المتجعد من مكر الوجوه المحاطة به، وحكمة يده، إذ في الجريمة والجنون يغادر الوجه إيقاعه التوافقي المألوف، في انسحاب جواني، يمنحه فرصة تبادل الأدوار بين وجهيه الفيزيقي والسيميائي، والأخير هو ما يراهن المجنون على امتلاكه، وهذا عينه ما ينبغي على الفن حيازته، الذي في توفره يحق لنا القول إنَّ القراءة النصية لهاملت تبدأ من يده، الحائزة على أسرار وجهية مفتاحية، فإن أردنا كتابة بيوغرافيا للجنون فالأجدر بنا الابتداء من اليد؛ ذلك لأنَّ السرّ الوجهي الأسطوري للجنون مكمنه اليد، وهل لنا أن نتصور مجنوناً دونما يد، وكيف سيتعامل مع وجوده؟ وهل سيحظى بسرّ الجنون في حال غابت اليد؟ لذا الكتابة عن هاملت، «تتطلب أولاً مراقبة البطل المُفكّر التراجيدي. أي قبل أن نبحث في شخصيته، لندرس سلوكه»،[3] واليد هي الأطلس الحسيّ لجغرافية المجنون: جسده.

لعلَّ من أبرز ملامح الجنون الهاملتي التي أراد شكسبير إيصالها لنا هي تردد يده ومعارضتها الأخذ بمشورة خنجر الانتقام، وهذا فعل ناجم عن يقين هاملت بعجز العقل عن استيعابه المأزق الداخلي الذي لا يُغلق بابه بغير التردّد، فإن ركزنا النظر بمشهد القتل، نرى أنَّ كلوديوس هو ميكروفون العقل الشرير، وإنَّ تنفيذه عملية الاغتيال متأت من تعظيم أسطورة السلطة المتمثلة بالعقل، فمن وجهة نظره أنَّ حماية السلطة والاحتفاظ بها مهمة منوطة بالعقل؛ لكونه

---

(3) يُنظر جون دوفر ولسون، ما الذي يحدث في هاملت/ 195.

يرى أنَّ شرعية القانون مختزلة بالحاكم، أمَّا الشعوب فقراراتها تنبع من هيجان بربري دعامته الفوضى وسوء التقدير والتدبير في التعامل مع الأزمات. هذه الرؤى ومثيلاتها هي من أجازت لكلوديوس ارتكاب جريمته.

في نصوص مثل هاملت يكون حوار الشخصية توجساً تلاسنياً، حيث الشكَّ هو الهيكل العظمي لمخلوق مكسو بلحم التأمل المتواصل، ما يجعل اليد الهاملتية شاشة تعبيرية لكواليس اللسان، وقد بَرَز ذلك في حواره مع الشبح، فإن استغورنا طبقات النص الحواري، نجد أنَّ حضور الشبح هو تأسيس لنزال تلاسني تفاوضي بين وجه هاملت ويده، وفي هذا إشارة واضحة إلى أنَّ هاملت قد دخل دائرة الجنون ولم يكن مجنوناً. وإنَّ دخوله في دائرة الجنون، هو ضمان لحيادية العقل، وإعلاء لصوت الحاسَّة، ما جعله يتأرجح بين اقتراح فعل عقلي جديد متوائماً وظروف إيقاع حَسْمه للأمر المختلف عليه في دخيلته، في مغادرة نهائية لسلطة العقل في التنظير للجنون وإعلاء صوته، وتدعم رؤيتنا ما كتبه مُعرِّب النص الصادر في ضمن سلسلة روائع المسرح العالمي، عبد القادر القط، أنَّ هاملت «كان عقلاً متأملاً دون أن يبلغ حدَّ الفلسفة، وخيالاً متوقداً دون أن يكون شاعراً». وهذا ملحظ جدير بالتلاسن معه، ربما به ندرك سرانية تلك الحيرة؛ ذلك لأنَّه اختار الوقوف بين متضادين هما الشعر والفلسفة، فالأخيرة تدفعه إلى الانتقام، أما الشعر فقد استطاع أن يبث في روحه التردد الذي تحول على امتداد النص إلى استغراق خيالي في كيفية الانتقال، وما الجدوى من وراء فعل ذلك؛ فهل ستتطهر الشراشف الزانية بالدم؟ هذا ما أرَّق هاملت وضاعف انشطاره، ومصدر الحيرة هو أنَّ عالم هاملت خيالي المنشأ والصيرورة، ولم يحضر في النص بصفة المتقبل والرافض، إنما كان حضوره إعادة لإنتاج العقل من جديد، ولا طريق أمامه لتحقيق ذلك سوى الصعود من أرض العقل إلى

فراديس الجنون، هناك حيث نمور الخيال متخفية في أدغال الفكر وبراري السؤال عن مدى عمق وجوده الذي استطاع هاملت أن يعبر به من أفق التوقع الغاداميري إلى فضاء اللاحسم الدريدي؛ والأخير يرى أنَّ الهاملتية هي سؤال اللغة وليس المعنى.

الملك: ماذا ياجرتورد؟ كيف فعل هاملت؟

الملكة: مجنون جنون البحر والريح حين يختصمان أيهما الأقوى.

إن دلالة الخصومة في هذا الحوار تؤكد رؤيتنا القائلة أنَّ حيرة هاملت متأتية من احتدام الصراع لديه بين الشاعر والفيلسوف، والأخير متمثلٌ بالعقل، فيما تتضح ملامح الشاعر في يد هاملت المترددة، فالشعر كما نرى هو القول المنقوص في اكتماله الحواسي:

آه ليت هذا الجسد الملوّث يذوب

يموع وينحلّ إلى قطرات من ندى

يا ليت الأزليّ لم يضع شريعته

ضد قتل الذات.

تنحصر الدراما الهاملتية في ثنائية صراع (اليد/ والرأس) التي هي في الأصل صراع الحواسي والمنطقي، فالرأس قد حسم أمره في ضرورة الانتقام، فيما اليد مُنشغلة بالمراجعة والنظر في قرارات السلطة الرأسية، التي كلما حاولت أن تفرض هيمنتها على هاملت وتدفع به نحو الثأر، يبرز الدور الاستشاري لليد، مجبراً بذلك الرأس على التراجع والتردد المضمرين. ولا تتوفر هذه الإيقاعات الملتبسة إلا في شخصيات المحكّ كفان غوغ، وانتونان آرتو، وهولدرلين، التجارب الإنسانية والفكرية التي راحت ضحية إقامتها في الإشكالي، لأنَّها

بدأت من حيث يبدأ الفعل، وليس الإيعاز.

تكرّرت الهاملتية في شخصيات نصوص مسرحية متعددة، ومنها شخصية (هام) في نهاية اللعبة لبيكيت، وقد برع في ضبط الإيقاع الفلسفي للنص، وكان هاملت البوصلة الموجهة لاتجاهات الخطاب الأحشائي للعالم البيكيتي، ولا يخلو عالم هام من محاولات العقل في الوقوف خارج إطاره.

***

فزّاعة مارك دولوز

«الشعر أطول من الإله بسنتمتر واحد تقريباً».

‑ طاوُس ميخا

الشاعر أطلسُ التحلُّل اللَّيليّ، تكمن مَهمتهُ بتعميق المانعة الأنطلوجية وتجذيرها في الذات من خلال الإقامة خيالياً في الفراغ المأهول بسؤال اللاشيء، باعتبار اللغة وعاء الكينونة بحسب هيدغر، وحصيلة ذلك تكون بإمكان الشاعر تحفيز الوجود في مقدرته على ترسيم حدود حفرة هاويته؛ أما الشعر فهو استراتيجية التدحرج اللانهائي؛ المؤدي إلى انجراحٍ حوافّي يتلبس الجسد مثلما ينبث الصبّار بعناد، حينئذ لا يكون أمام اللغة سوى التجنّح بالفاجعة، التي يعدها موريس بلانشو كتابة ما لا ينحدّ إلا بأثرٍ أسطوري، فإن كثَّف الشاعر من الاهتمام بحيازة هذا النوع من الأثر، ومما لا شكّ فيه، فإنَّ الحياة ستُشكّل بكل تقلباتها، وتناقضاتها، ومباهجها، مورداً أساسياً يُسهم في صيرورة التجربة:

أقف على عالم ينقلب، جسدي مشدود لفرط المجهود، كل صباح قدح من الخزف بمثابة مشعل، اجتاز الفضاء وفي طريقي أتخطّى

أحلامي القديمة. الرؤوس النووية ملأت رأسي، أشرب اكفهرار السماء. أدفع ثمن الجدران، النافذة، السطوح. أمدح الشجرة التي تتغيَّر ولا تريد أن تموت، أبرم داخل الوقائع كملعقة في فنجان فارغ. في جسدي غضب أبيض. كلمتي طبقة مائلة داخل طبقات الحياة اليومية. أنا الحجر المرمي سهواً في اللانهائي.

يخترق الشعر وجود الشاعر مثلما يشطر الموسى عين المرأة إلى برزخين في فيلم «كلب أندلسي» للويس بونويل، بمعنى أنَّ الشعر وحده من يقدر على أن يُعيّن الهاوية داخل أنفسنا. وتطابق هذه الرؤية مجمل الأثر الشعري لمارك دولوز، ويظهر من منجزه أنَّ الشاعر زبون قلق لدكانة الوجود (الجسد)

جسدٌ مُرٌّ

جسدٌ في البحر

جسدٌ مطروحٌ على الأرض

جسدٌ مرميّ أرضاً جسدٌ مذهولٌ

أين أذهب؟

أين أحبُّ؟

ثمة حشدٌ في حلبة العالم المعذَّبة

الدُوار لا يجد أطفاله الضائعين.

طُحلب أجسادنا المُنقّط بزهور زرقاء يكسو المرتفعات

هناك حيث ينبجس منبع كل الألوان.

هل سنستطيع بلوغ الشدّة عند مصبها؟

هل سنذهب إلى البحر إلى اليأس المرتاب

كمن لا يعرف كيف يموت؟

في قراءتنا لنصوص هذا الشاعر يكاشفنا الشعر بحقيقة في غاية الأهمية، مفادها: أنَّ الشاعر منشغل بتثوير الشعري بالفلسفي، كأنَّه يرى في الشعر زلّة لسان يتورَّط بها الفكر عن سهو أو عمد برعاية ومباركة الخيال، فعلى الرغم من سيولة عوالمه نلحظ اهتمامهُ بتشذير الشعر فكرياً، إذ يمكن اقتطاع جملة من هذه القصيدة، وأخرى من تلك، والاكتفاء بها بوصفها بصريات شعرية حاضرة بجلاء في جسد القصيدة.

جالس لا اسم له

طبعاً، إنه موجود، أو بالأحرى

على وشك أن يكون

إنه جالس على الحافة الأمامية للوجود

إنه عند تخوم الكثيب والبشر

وعينيه في مواجهة الفراغ

في مواجهة تحدّبها الذاتي

إنه داخل صمت كيانه المفتوح كما لم يكن

يوماً الأفق مفتوحاً

الصحراء سوف تُسمِّيه

الكتابة، لن يستطيعها

كونه على وشك الوجود، ينبغي عليه أن يصون داخله الجاهز

كونه جالساً، فلنتركه حيث هو

أما نحن،

فنحن موجودون هنا.

في أكوان مارك دولوز يتولَّد الشعر بوصفه نسياناً للتدبير، أو بدافع تربية ثقوب في جسد الكون، نبصر من خلالها سعادة الغامض في استعداده للخروج إلى الحياة على شكل قصيدة تمازح وضاعة الوجود الإنساني بضرب من التمرد الأسطوري الذي لا يتحصّل إلا في تجارب شعرية مُذوَّتةً الكوارث الوجودية، جاعلةً منه قصيدتها القصوى المحلوم بكتابتها من الإلهة قبل البشر:

«إني متناثر، شبيه بأحداث يوم كامل أحداث هذه الليلة
أعضائي المتناثرة، الوحدة، الكثرة، في الما بين لكل ما كان أنا، العالم
يبقى، كما يبقى التاريخ بين الحكايات»

الشعر في (فزّاعات دولوز) هو تمثيل الغامض، بل هو اقتدار الغامض نفسه على التجريح الخيالي بالشاعر وهو بصدد رصد إمكانية اللامرئي، وترسيم حدود حركته بين الجسد اللغة = الحاسة العقل. فيغدو الشعر كما الحب «تدوين لغبار» متطاير من احتراق مرآوي نافذ في التوتر إلى أقصى حدود السؤال عن لحظةٍ تُفاجئ الفراغ بضرورة تعميق حضوره في الأثر الإنساني، زيادة على أنه يأتي من دم الشبح المُنعكس من وجه الشاعر في المرآة، إنَّه الحالة المثلى للوجود المهووس بالقلق القارّ بمرح في بريّة الأعماق:

النشيد المُقطّع، نشيد الرحيل

غوغاء الصمت

عُظَيمات البرد في الشرايين

موسيقى السيارات البعيدة

يسقط التأسف

على الأرض الرطبة

بين أوراق الشجر الميتة

والعصافير المتحلِّلة

بهدوء أنت تذهب

لتُلاقي بدايتك

من الآن فصاعداً بُتَّ جزءاً

من العويل.

من خصائص شعرية مارك دولوز، أنَّه يعتمد بشكل أساس على ترصيع الشعر بخيالات سردية مصدرها القصيدة نفسها، فتجده ينزاح دائماً نحو الخيال التأليفي بوساطة التداعي البصري لجمله الشعرية التي هي أقرب إلى بروق متقطعة في طريقها إلى تشكيل رعدة تهز كيان الشاعر قبل القارئ:

في شوارع باريس يمرّ قطار ويدوس كل شيء في طريقه، البشر والدواب والصياح يجرف معه الفوانيس والشرائط المزخرفة، الشرائط الحلزونية والأمعاء الملوّنة بألف لون وكأننا في عيد، لكن من يقدر، لكن من يستطيع أن يقول ماذا؟

القطار ورائي يمضغ ظلِّي وهو مليء ضجةً وغضباً ودخاناً وحديداً

وحدث ذلك خلال لحظة فحسب

وكأنه ديكور.

أجمد مكاني

القطار الموكب يلحق بي ويمسكني ثانية

يعبر جسدي

كنظرة أعمى

ويتوارى.

من الأمور اللافتة في (فزّاعات دولوز) الاحترافية العالية والرشيقة في تحفيز القصيدة بصور شعرية فائقة التوهّج، وذلك دليل بيِّن على أنَّ الشاعر قد نجح في ممارسة لعبة الغميضة الحسية بين جسد خيالي وجسد مادي مرصوداً له ومُتربصاً به من قبل قوى خارجية تحاول أن تفتك به، أما لجوؤه لهذه اللعبة فمتأتٍ من أنَّه يرى في الشعر محاولة في صيانة مخطوطتنا الحسية، والحفاظ عليها من التلف الوجودي الذي أرَّق هولدرلن زعيم شعراء القلق.

الغيوم تمضغ جلد أناشيدها الميّت.

كانت معدتي كتاباً قديماً لم يُفتح منذ زمن.

كلبٌ يغرز أنيابه في الصمت الذي تعرَّض للنوم المغناطسي.

النعاس هرب من الليل

يعبر الجادة كالمجنون ولا يراه أحد.

يبدو للقارئ ومنذ القصيدة الأولى، أنَّ لمارك دولوز مساراً شعرياً خاصاً به، وعلى الرغم من تأثره بثقافة الحركات الشعرية الحاضرة في زمنه، استطاع أن ينأى بقصيدته عن شعرية الجماعة، فهو السريالي الذاتي الذي اغترف من مدوَّناته الشخصية بوهيمية الصراخ الصامت (المونخي) نسبة إلى الرّسام إدوارد مونخ، في وجه الحياة، والتجاسر على نقل حرارة الموقف من الذات إلى الكلمة، ولم يعر أيَّ أهمية لتعاليم بروتون المدرسية، ويلحظ في قصائده أيضاً اعتماده التنقل من الجسد إلى ما بعده، في تربص دائم للعدم الساعي إلى المكوث في كلمته.

إنك تجتاز السماء كسفينةٍ

شبحٌ حيث تُقام أعياد همجية

دخلت الشمس في جمجمة الميّت

رغبةً في الموت، إنقاذ الرغبة

غارقة تحت ثغثغة العالم

ستعود كلمتنا الغربية

إلى الصمت

الذي يسخر من الوقت الذي يمر.

في عوالم مارك دولوز الشعرية يأخذ الموت دور الخذروف، حيث التجربة الذاتية بما تحمل من حداد وجودي هي الخيط المُحفز على الحركة والدوران، فبين جملة شعرية وأخرى يبرق ذلك الشبح ليُكمل المشهد، ويضفي عليه إيقاعاً شعرياً وشعورياً في آن واحد، فمن مهام الشاعر أن يشحذ اللغة بالتوتر الصوري.

داخل شرايين المدينة

الرجال الجذوع يترنَّحون كالفلّينات

يتخبّطون في دمٍ أصفر وفاتر

ولا يعودوا يرون أقدامهم

ولا يرون خطواتهم

ولا حتى أثر خطواتهم

يتوقفون عن المشي إنهم يتهوّرون

بين جثث الأشياء المنغمرة

أين يذهبون؟

من أين يأتون؟

ليس من أي مكانٍ ولا إلى أي مكان ينحرفون

ونظراتهم الشفافة بسبب الذهول

وابتساماتهم الحزينة كالثمار الساقطة.

إنَّ السمة الأبرز في قصائد مارك دولوز تمثّلت في كسر أفق التلقي، حيث يختلط الخيال بالوقائع وليس الواقع؛ لأنَّ الواقع هو جملة ما يدخر الشاعر من أحداث ويوميات، وإنَّ عدم تفريقنا بين الخيال والواقع يستدعي منا اختراع معابر من نوع خاص، نتلقى بوساطتها هكذا قصائد، وفي اعتقادي أنَّ القراءة بالجسد هي طريقة مُثلى، فبها يمكن للشعر أن ينتقل من كونه ممارسةً ذهنيةً كما

في حالة مالارميه، إلى فضاءات الفعل الحسي الناجم عن لغة بركانية جمعت الصوفية بالغنوصية، وتمرد الكلمة بغرابة المعنى، ويمثّل هذا التوجُّه الشعريّ رامبو، ولوتريامون.

ما ينبغي الالتفات إليه في مشروعه الشعري، هو التصادي الواضح مع فلسفات تزامن ظهورها مع التبلور الحسي للشاعر، وتفاعله مع الراهن الإنساني والحياتي، وقد انعكس ذلك بوضوح على تفكيره، وكان لنيتشه وكيركيغارد الحضور الفلسفي الأبرز في قصيدته.

ما من شيء يتحرك

لا، ما من شيء يتحرك

خصوصاً الثلج

ما من شيء يتحرك وكل شيء يتبدّل

العالم يتبدّل والعملة تتبدّل

والمولودون الجدد والشراشف والحب

حتى الملائكة تتبدّل

أجنحتنا هي أصابعنا

بين موت وآخر واللهُ يتبدل.

تكشف هذه القصائد- بما تحمل في تضاعيفها من سلاسة ورصانة عاليتين- عن مجهود كبير لمترجمة خبرت خفايا الشعر، وتسوَّحت في غاباته كتابةً وترجمة، فحفرت اسمها على جبين الشعر قبل أغلفة الكتب، إنَّها صباح زوين شاعرةٌ

عبرت بالقصيدة إلى الآخر، أي من حكومة اللسان إلى شعوب الحواس، ومن الأقلي الخاص إلى الأقلي النوعي، بلغة تشبهها وحدها. فمهما تنوّعت وتعددت أساليب تلقي الشعر، يبقى هو فن الأقلية شأنه في ذلك شأن الفن التشكيلي.

❋❋❋

أجساد زها حديد

ينحدر الشكل الإستطيقي للمادّة من ترسيم حدود المبادلة بين جمود المعنى وتحريكه حاسيّاً عبر مرايا المؤالفة والتنديد في آن واحد. مبلوراً إيقاعاً يذهب نحو تحرير العمل الفني من التّلقي العابر، ليدخل في دائرة الخطر، أي استدعاء الشكل بالتّمدّد نحو ديونيزية الاحْتفاء الفلسفيّ، المرحلة التي يكون فيها العمل الفنيّ عرضةً لثنائيّة الخيال، أعني الإنوجاد بين محكيّ العربدة والتسليم. المقام الذي يمنح الشكل اغتذاء الحركة بفلسفة الحركة نفسها، أي استفزاز الحاسّة بخيالات التخطّي المنبثق منْ زمن الرّغبة الدولوزيّة.

في هذا الإطار نرى أنّ قيمة العمل الفنيّ تكمن في تفعيل دور الزّمن من خلال تبنّي ضرورة العبور من الانطفاء الجزئيّ المتمثل بإرجاء الفعل إلى الاشتغال الكليّ المتأتّي من انفعال الزمن في ضرورة تخليص الحاسّة من كسلها ومنحها صفة الزمن بوساطة الخيال. والأخير هو الّذي يحدّد زمن الحاسّة ومدى حيويّة الفعل لديها، خصوصاً إذا كان المحسوس يندرج تحت مفهوم فنون الحركة الساكنة كالتّشكيل والعمارة.

هذا التلاسن المباهجيّ هو عالم لحظيّ ينطلق من بواعث السّحر المنفلت من

نظام التفكير المتحجر بترحيل هذه المباهج التي نسعى لاستتباع سبيلها، التي في تلمّس أثرها يتحوّل الخيال إلى فكر نسّاء يتأبّى على العقل بلوغ عالمه، لكوْنه ينبثق من الحاسّة إلى محاولة موتها التي يقترن بها الانجماع المباغت للأشياء والإنسان معاً، وهذه هي معالم الجنون الهارب من التّوافقي إلى الإشكالي في استزراع تربة الفكر الجمالّي بسؤال ينبغي إثارته، هل العمارة فنّ نحتيّ أم علم هندسيّ يغترف من منابع التشكيل مياهه الصوريّة التي دخلتْ في ما بعد الحداثة عالم الهجنة الشكليّة، وهذا ما نجده في أعمال زها حديد، لأنّها جعلتْ من الشكل البصريّ فعلاً جماليّاً، في تبنّيها تحرير البناء المعماريّ من الحتميّ الذي هو علم الهندسة القائم على تحديد وظيفة الشكل إلى الاحْتماليّ البصريّ، والأخير ترجيح للفنيّ على الهندسيّ، أي هي تعمل على إنتاج عمل فنيّ وليس بناءات وظيفية. وفي ضوء ذلك جاءتْ أعمالها متاخمةً للفكر والفنّ بشعريّة الجسد الأنوثيّ، وإعادة إنتاجه برغبة المتأمّل الإيروسي لعبقريّة تضاريسه، حيث تعاملتْ مع المادّة بسيولة نادرة تتمدّد فاتحةً أفق الرّؤيا لاستقبال أشكال مستمدّة من تحفيزها للشكل بفهمٍ جسداني الحضور، وفي هذا توكيد على تبنّيها معاودة دولوز وتفكيك دريدا في الوقت نفسه، وتكمن المعاودة في توسيع دائرة الرغبة في تجديد الفهم المعماري بانفلات نحو المبتكر بقراءة جذموريّة محايثة لتحولات العصر بمضاعفة الاغتذاء من حيويّة الجسم المفكّك للمرحلة وفي هذا منحًى دريدي.

إنّ تطوير الشكل المعماري يعترضه عدد من المعوّقات، منها أن فنّ العمارة ينتسب لمفهوم الذاكرة الحيويّة؛ لأنّه يجمع بين قِدم الأمكنة وحداثة الزمن، ما يجعل التجديد في هذا النوع من الفنون من الرّهانات الخاسرة سابقاً، وليس كما يحدث في ضروب الفنون الأخرى، زيادةً على ذلك يعد فنّ العمارة راوياً ذا لسانين تؤخذ حكايته على محمل الجدّ دائماً. فهو يتكلّم عن الزمن بلسان الأمكنة

وبالعكس. وأنّ «الوثوق بسرديّات العمارة متأت من أنّ كلّ بناية هي وثيقة تاريخيّة». (4)

نفهم من هذا أنّها لسان زمنيّ يتقن لغة الحواس الكامنة في جسد الأمكنة، وبذا تكون كـ«الجسد الذي هو وثيقة اجتماعيّة» ميرلوبونتي، لذا أن تطابقه مع البعد الابتكاريّ للمعاودة الدولوزيّة يحتاج لسقف عال من الغياب والحضور التنديدي.

إنّ سؤال العمارة لدى حديد هو تعظيم لجسد صيروري فهي تنفلت من المادة إلى الأحياز، بمعنى أنّها تغامر في تحريك التلقي المألوف بأجساد تتحرك في فضاء السؤال عن زمنيّة هذه الأشكال. إنّها ترى في عمارة العولمة سؤالاً سائلاً في تنظيف بشرة المدن جسديّاً، ربّما أرادت توكيد ذكوريّة الاستهلاك، ما دعاها إلى المواجهة بعمارة سائلة مهمتها (أدرمة) السواكن بسيولة تنهل من باومان ثقافة إيديولوجية الاستهلاك فقط، أمّا سيولتها الشكليّة فتتجلى في تخطيها الحركة المنطقيّة في اعتمادها الإيقاع الدراميّ الشكليّ للإنسان. «لأنّها ترى في العمارة أكثر من مجرّد تعليق على الحالة الإنسانيّة، فمع الحرب والسلام والحبّ والموت والوباء والولادة والغيض والنكبات والهواء الذي نتنفسه، أنها هي الحالة الإنسانية». (5)

لقد بيّنتْ عوالمها البصريّة رغبتها في خلق أجساد موازية فكرياً وبصرياً لشواش العولمة، وتكون في الوقت نفسه مباطنةً لإيقاع الأثر الفكريّ الناجم عن فهم فلسفيّ لحركة العمارة على أرضيّة فكر القرن الواحد والعشرين المليء بنظريات الانفجار الثقافي، وليس سوى الجسد بمستطاعه الدخول في صراع

(4) سينكلير جولدي: تذوق الفن المعماري، ترجمة: محمد بن عبد الحسين ابراهيم/ 2.

(5) ينر بانهام: عصر أساطين العمارة، ترجمة: سعاد عبد علي مهدي/ 13.

كوزموبوليتيّ حيث الهويات تتقافر باتجاه الامحاء الفرجوي. فمن الناحية الإيديولوجية سنصبح على ما يرى تشارلز جنكس، «من دون أسلوب، حتى يخال للمشاهد أنه هو نفسه موجود في عرض لبصريّات مسرحيّة تتحرك فوق خشبة الفكر والجمال، والمسرح في أصوله هو الفكرة في الجسد»،[6] وكلّما تماهتْ حديد في جسدنة العمارة لوّح بيدها منديل عطيْل، وفي ذلك إشارة لخيانة السلف المحليّ والعالميّ.

لم تكتف زها حديد بتمييع الشكل المعماريّ، وإعطائه صفة المعاصرة، بل ذهبتْ أبعد من ذلك حيث تجديد مسار الرؤية من المشاهدة إلى الفرجة، أي أنّها أضفتْ على الشكل المعماريّ صبغة الأدرمة، وبهذا تكون قد انتقلتْ من التصميم إلى التأليف المعماريّ، وهذا ما تلوّح به أعمالها بأنّ الفضاء وليس المكان محتاج إلى من يؤلّف عالمه وليس إلى من يجعل منه بناية جامدةً؛ لأنّها تصعّد من حيوية المكان الفراغي، المستمد طاقته من كتابة المكان في تكثيف الاشتغال على «الفضاء الذي هو ليس مكاناً لكنه علاقة مع المكان».[7] ويعد الزمن الدعامة الرئيسة في التأليف، وهو وإن استدعى المكان فإن استدعاءه لن يكون إلا لحث الذاكرة بالحكاية، وذلك بتكثيف الاشتغال على ثنائيّة الحركة (الزمن-الجسد) بعدّ الإيقاع الدراميّ لا يوجد إلّا في استبطان عوالم هذه الثنائيّة، وفي هذا انتقال من السكون إلى الحركة، لأنّ الفرجة قائمة على الفعل، ولا سيّما أنّها تشتغل ضمن فضاء زمنيّ قائم على الزوال والمحو، لذا يمكن القول أنّ عمارة زها حديد هي جسد لفضاءات العصر الذي يجمع سديمية الشّعر وفلسفة الشكل؛ ذلك أنّ «ما قدمته من عقل مختلف ينتج رؤيةً مغايرةً للعمارة ونظم كتابتها، يذهب

---

(6)   آلان باديو: في مدح الحب،تر: غادة الحلواني/ 110.

(7)   شاكر لعيبي: العمارة السوريالية/ 42.

بعيداً عن تكرار مبادئ الأعمال السابقة، يزيح الوقائع عن واقعيتها ووقائعيتها، ويقصد بها إلى اقتراح ما هو مختلف وضاج بالخيال والحلم».[8]

قد يجد المتابع لفرجات زها حديد نزوعاً نحو تلصّصيّة عالية الإيقاع، «إذ لا يقتصر دور البنايات على كونها مكاناً لحركة الإنسان، وإنما ستقوم بدور الممثلين من ذوي الأطراف الثقيلة»،[9] كذلك عمدتْ في أعمال كثيرة إلى توسيع دائرة السؤال الإيروتيكي، فيصدم المتفرج للجرأة الواضحة في تكوينها لهذا العمل، وبذا تكون قد تخطّتْ ملامح العمارة الذكوريّة، التي خصّها الباحث الجماليّ شاكر لعيبي بمؤلف خاص، متجاوزةً فكرة العمارة الأنثويّة إلى عمارة فرجيّة، ويظهر ذلك جليّاً في عملها (ملعب نادي الوكرة في الدوحة) و(مطار بكين) في الصين، فهل أرادتْ بهكذا أعمال تخليص العمارة من شكلها الاحتشامي، والذهاب بها إلى أقاصي اللّذة التي ستعيدها إلى فضاءات الفنّ والدهشة بعد أن تحوّلتْ إلى بناية مقموعة وعاجزة عن تأدية دورها الفكريّ والجماليّ، ويمكن التّخلي عنها متى ما انتفتْ الحاجة إليها؟

يجيء الطابع الدراميّ لعمارة زها حديد من تموّجات الجسد الّذي بدوره يعمل على ترغيب المكان على الانتقال من الذاكرة المعماريّة المنبثقة من العلوم الهندسيّة، إلى ذاكرة سائلة تأتي من الفعل لتنتهي به، وهذه مهمة من مهمات الجسد المنوط به استدراج المكان وتوطينه في سدم الحواس قبل المنطق. لكون العمارة الحديثة زمنيّةً أكثر منها مكانيةً، «والزمن فيها هو من سيقود انتماءنا المقبل للمدينة لا المكان».[10] في حين تأتي مكانيّتها من لحظة استدعاء الإنسان

---

(8)   أسعد الأسدي: معرفة المكان/ 105.

(9)   تذوق الفن المعماري/ 13.

(10) جان بودريار وجان نوفيل: الأشياء الفريدة، ترجمة: راوية صادق/ 72.

للقاء بزمنه، بمعنى أنّها تضطلع بمهمة مماكنية، ههنا يتوافر لدى المتفرج شعور بملامسته لمكان ارتيابي، إذن هي مكان جذموري وليستْ ذاكراتي؛ لأنّها لا تحيل إلى مشهد حركتها داخل خيال المتفرج، وفي هذا تحرير المدينة وتحويلها إلى فضاء فنيّ، هذا الإصرار على تحقيق الأفضنة منح أشكال زها حديد حضوراً شعريّاً. ذلك لأنّ الشّعر هو الفضاء الفكريّ والفنيّ للّغة.

إنّ عمارة زها حديد لا تحتاج إلى متلق مشاهد، إنّما هي محتاجة إلى عين دراميّة تؤلّف الشكل بحركة جسديّة تعبر بالشكل من الكتلة إلى التمثيل الذي سيمنح الشكل إيقاعاً فنيّاً داخليّاً موازياً لاشتباكها البصري، وهذا متأت من دخولها حيّز الفعل الناجم في سعي منها للإنوجاد التمثيلي، لتنتقل بذلك من الفضاء إلى الزمن.

يختبر الزمن نشاطه بوجود جسد مسترفد من الحركة السريّة للزمن وهو يتعقب أثره في الأشياء قبل الإنسان، راصداً عبوره المرآوي من خلال تأجيج الخلاف بين الجسد ومقامه الاجتماعيّ والسياسيّ؛ ذلك لأنّ الفكر يعمل على بذر الجسد بالنميمة، ويتجلّى هذا الأثر في اشتغالات حديد المستفزة للجسد باستضافة العين لمرح ذلك الشكل الذي لا يحتفى به فكريّاً وجماليّاً إلّا بجسد حامل لذبذبات عابرة لحدود ثنائيّة التّلقي المألوف (الرفض/ القبول) التي في مغادرتها يحظى المتفرج بالحسّ التأليفي، فحركة خياليّة تقابلها حركة جسديّة توازي لحظة التخيّل لدى الخالق البصري.

ومن هنا ستقل أهمية المكان في عمارة زها حديد، فهي عمارة تحتفي بمجاورة الواقعي بالافتراضي الّذي هو سمة الفنون المعاصرة التي تعدّ فكرة المكان في الراهن العولمي تأهباً زمنياً، وبعبارة أخرى: هي تتعاطى مع المكان بوصفه تجديداً لفكرة الزمن نفسه، وبذلك تكون قد غادرتْ المكان لتدخل في«الفضاء

الذي هو كلمة تجريديّة بحدّ ذاتها أكثر من كلمة مكان»،[11] ويظهر التجريد إيقاعاً وبعداً فنياً ينشغل بتدعيم زمن الفرجة بمقترحات صوريّة، بخلاف المكان الحاضن للصورة المرجأة أو التي تنتظر منْ يُخرجها من قفصها، وينشط نضيدتها بالذاكرة. وما ينطبق على الفنّ المعاصر يجري على العمارة الحديثة ولا سيما عمارة مثل تأليفات زها حديد؛ ذلك لأنّ الجسد في حضوره في عمل ما يعمل على (أدرمة) المكان بالفضاء؛ لأنّه يتنامى في التحرّك السريّ للزمن، أمّا الأشياء فتكمن حركتها في الاقتران بالجسد الذي سوف يمنحها صفة الفعل وليس الجسْدنة معه كما يحدث في عوالم الفضاء.

لم يحضرْ الجسد في عمارة زها حديد معطىً جمالياً وفكرياً فحسب، بل حضر لتفعيل دور الرّاوي البصريّ البولوفيني، لتحرير الجسد نفسه من سرديّة الجسد الواحد، والانشطاريّة ههنا منبثقة من اجتراح فرجة حكائيّة جديدة تعلي من مقام السّرد، إنّ في مقاربة الجسد بعلم السّرد عوالم لا تنفكّ تمتدّ عروقها في تربة السؤال عن جدليّة سماويّة مفادها: هل الجسد سارد الهيّ قبل أن يكون سارداً اجتماعياً وسياسيّاً؟ وكيف يتأسّس السؤال عن علاقة الجسد بوصفه حكّاءً بفنّ العمارة التي هي شهرزاد الزمكان في آن واحد، وهل يحقّ لنا الحديث بإيجاز عن ذلك؟

أرى أنّ لقاءهما لا يتمّ الّا في مبادرة فكريّة تجمع الاثنين معاً، فإنْ عدْنا إلى ألف ليلة وليلة نرى الجسد بجنسيْه سارداً مراوغاً لأسرار عمارة الرغبة وحكاياتها، ومن دونه تتشظّى الحكاية، وتنهدم عمارة الخيال المرتكزة على دعامة سؤال الجسد المفتّش عن رغبة الكاتب في تشييد عمارته السرديّة بمعزل عن الجسد، وكيف سيكون شكلها آنذاك، وهل بإمكانه تحقيق ذلك من دون جسد.

---

(11) مارك أوجيه: اللا أمكنة، ترجمة: ميساء السيوفي/ 84.

ثمة تساؤل آخر لا بدّ منه يتعلق بضرورات الإبداع السردي مفاده: هل ثمّة جسد سارد وآخر غير سارد؟ وما ملامح الجسد السارد؟ وهل تقام عمارة السّرد على المكان أم تقام في الفضاء؟ في ظنّي أنّ إضفاء إيقاع دام على الحكاية مقرون بوجود جسد سارد يجمع التنبّه والمكُر في قراءة أطراسه؛ ذلك لأنّه كما الأكوان محتاج إلى قراءة لامتناهية، ومقاربة الجسد بعمارة الكوْن متأت من تقبّل فكرة الحضور والغياب بتبنيه اللعبة الطرسية، وفي الأخيرة ترتسم ملامحها بوجود جسد شهرزاديّ يعيد قراءة مسروداته على مرّ العصر.

إنّ حضور الجسد السارد في أنثروبولوجيا العولمة يختلف عن حضوره في سرديات شتراوس، وموضع الاختلاف يكمن في أنّ العولمة تقوم على اقتراح الجسد وليس تأكيده، إذ لا شيء ثابت في عالم مضاربات البورصة وأسواق السلع، ما دفع القائمين على مراكز التجارة للأخذ بالحسبان زئبقيّة الإنسان في زمننا وسيولته، وفي هذا بعد انشطاريّ في لسان السارد الذي هو الجسد، فيظهر للقارئ البصريّ أنّنا أمام امتحان يختبر به المسرود الأدبيّ نظيره المسرود البصريّ، وقد تجلّتْ هذه العوالم في سرديات الفنان القاصّ أنيس الرافعي ولا سيّما كتابه الموسوم (اعتقال الغابة في زجاجة) المؤلَّف الذي غادر به الرافعي كليشيهات السرد العربيّ، فقد استطاع أن يشيّد عمارته السرديّة بثقافة جسديّة مستقاة من تشبّعه بثقافة بصريّة، من تشكيل وسينما عمقها الجسد.

صفوة القول: إن المنعم النظر في السلّم التأليفي لعمارة زها حديد، يشعر كأنّه في حضرة جسد راوٍ لحكاية عجزت اللغة عن اكتناه سرّها، فلجأ إلى السرد البصريّ، ففي زمن العولمة كلّ شيء في الوجود يقرأ سرديّاً، إذن، المسرود الصوريّ لا يختلف في آليّات السّرد فحسب، إنّما في طرائق القراءة

أيضاً، هذا لا يعني أنّ الجسد معطّل في قراءة النصّ الأدبيّ، إذ لا يستثْمر إيجاده كما يحدث في قراءة النصّ الصوريّ، لذا تكون حركته متباطئةً، مقارنة واندفاقه مع الجسد والعمارة.

45

***

نرد هاينر موللر

«أحياناً يتم تمزيق بعض الأجساد حتى أتمكن أنا من أن أعيش في فضلاتي، وأحياناً تُشق الأجساد حتى لا تبقى سوى دمائي أنا، فأفكاري تفتح جرحاً كبيراً في عقلي».

– ماكينة هاملت

يمدّنا تاريخ النص الدرامي الحديث بأسماء لامعة، ويأتي هاينر موللر على رأس لائحة كتّاب أخذوا على عاتقهم مهمة تجديد المتخيل المسرحي، وترسخت تجربته الكتابية من امتلاكه فهماً جوانياً لانهيارات الإنسان في القرن الاستهلاكي، وكان لجدار برلين إيقاع متجذر من تذوقه مرارة عالمه الداخلي المرتهن بيد خرافة الرأسمالية التي تعمل على خلق أسيجة فصل عنصري للحواسّ والفكر قبل البلدان، الكوارث التي استهل بها المخرج السينمائي مشهد قبر هاينر موللر في الفيلم السيري، «دورة مدينة الموتى».

«كنت أحب

أن يكون والدي إحدى أسماك القرش

لكي يمزق أربعين حوتاً

وكان بإمكاني تعلم السباحة في دمائهم

وأن تكون والدتي حوتاً أزرقاً». (12)

تناقلت النقود المسرحية أنَّ لهاينر موللر تماساً خاصاً مع بريخت، وقد سعى في مرات متعددة إلى اقتفاء أثره في الكتابة شعراً ومسرحاً، لكنه بمرور الزمن وعلى الرغم من صداقتهما المتينة استطاع تهشيم قشرة بيضة النظرية الملحمية، ومغادرة تعاليم تلك الإيديولوجية الماركسية المفرطة التي ألقت بالتجربة البريختية في بحر الرتابة كما يرى، فكان يتوافق بالرؤية و(كارل كراوس) بأنَّ حيوية المسرح تكمن في تجديد فهمنا للمرحلة بتنظيف الإنسان من الاستيطانية المخففة، القائمة على صنع أسيجة نظرية ثقافية لا تقل خطورة عن جدار برلين. هذه التصورات جعلت منه إنساناً موزعاً بين حدَّي الوجود، فبين أن يحضر بصيغة الغياب، أو يغيب ليحظى بالحضور الإنساني عبر كتابة مبتكرة لم يألفها العقل المسرحي ولم يشهد عوالمها شكلاً ومضموناً منذ أرسطو وصولاً إلى بيكيت، كولومبوس الكتابة المسرحية الحديثة، لكونه يرى في الكتابة عملية تعميق زمن الانفصال إذ يقول: «إنني أكتب أكثر مما أعرف. أكتب في زمن آخر غير الذي أحيا فيه». ههنا إشارة جلية إلى يقين موللر بمستقبل المسرح الديمقراطي الذي ينتسب إليه، ويمكن مقاربة نصوصه لمفهوم «مسرح السرد البلاستيكي» النظرية التي اجترحها واشتغل عليها البولندي جوزيف شاينا، وعلى الرغم من اختلاف المشغلين الفكري والبصري، فهناك قاسمٌ مشتركٌ بينهما، يتمثّل في حيازتهما على ثقافة تشكيلة توازي بل تفوق ما لديهما من ثقافة أدبية، فكلاهما أتيا إلى المسرح من تأريخ عريق مع الصباغة التصويرية، ومن سمات هذه النظرية أنَّها تتبنى

---

(12) بياتريس بيكون فالان: المسرح والصور المرئية، ترجمة: سهير الجمل.

القصّ الآلي، وقد أعانه خياله الشعري على تحقيق هذه الابتكارات، فالنص المسرحي من منظوره فن قائم على الاجتزاء الحواسي لا المنطقي الرتيب حيث يقول في سيرته الذاتية (حرب بلا معركة): «لقد أصبح الفن التشكيلي بالنسبة لي منذ الستينات أهم من الأدب، فهو يؤدي إلى مزيد من الإنعاش». [13] لذا، نجد في نصوصه تجوالاً في تضاريس الفراغ باشتباك نصي إيديولوجي كما حدث في «هاملت ماكينة النص» الذي يُعد من فتوحات مسرح ما بعد الدراما، والذي جُسِّد على الخشبة من قبل مخرج مسرح الرؤى الأميركي روبرت ويلسون، وهذا الأخير يرى بأنَّ المسرح مع هاينر موللر دخل في عصر جديد بآليات وعوالم غير مسبوقة، حيث القفز من الحتميات المفتوحة إلى السيولة الرجراجة، وهذه معالم كتابة مسخية لزمن المتخيل المسرحي، فعند قراءة أي من نصوصه نجد أنَّ النص يسعى لأن يتكامل باقتراح حيزه، ومن سمات الكتابة الفراغية أنَّها تتغذى على سؤال القارئ للحركة الداخلية للسرد الدرامي لمعنى الكتابة نفسها، أنصٌّ شعريّ هو، أم تعليق حول متخيل زمني، أم فعل تنظيفي لمخيلات الأسلاف عبر تشابك ميثي مرة وإيديولوجي مرَّة أخرى؟ ذلك لأنَّه يتبع مفهوم المسرح الكامل، فهو يعمل على تطوير مسرحة الغمر حيث يستعمل عدداً من التقنيات المختلفة حتى يغرق (القارئ/ المشاهد) بعلامات مسرحية قد يجد صعوبة في فهمها والاضطلاع بها، وتأتي لعبية الغمر لدى موللر من سبره لتمزقات العصر، فليس هناك من معالم واضحة لنصه. فعلى مستوى الجنس الكتابي هو ينحو منحّى فراغيّ الشكل، أي يكتب كمن يستذكر عضواً في جسد متخيل، إذ يقول بأنَّ: «الكتابة هي الإقامة على الحدود»؛ وبسماع هذا ينصرف إلى الذهن أنَّه قد عاش إشكال جغرافية الحواف في الحياة والكتابة معاً.

---

(13) المصدر السابق نفسه.

تنفتح نصوص موللر على ذوبان اللغات الأجناسية في بعضها، فنرى بأنَّه يُحفّز المتخيل المسرحي ببصريات شعرية مكّنت النص من امتلاكه حيوية السؤال عن ضرورة حركة الفراغ داخل النص، فالشعرية، وليس الشعر، تضفي على العمل الفني سمة الحركة نحو المستقبل، أي فيها ضمان لديمومة الفعل الإبداعي، بحسب ما يشير إلى ذلك المخرج الإيطالي بازوليني، وقد تمتعت نصوص موللر بنكهة هذه العوالم.

يقف النص المولري على تخوم دحض الإيديولوجية الاشتراكية العابثة في المصائر الإنسانية بذريعة إيجاد ضد إيديولوجي يهزم الأخطبوط الرأسمالي، وتحركاته المشبوهة ضد الفردانية التي يسعى الفن الأصيل لترسيم معالمه. فكل مساعيه هو أن يستعيد الإنسان حضوره بعالم خال من التطاحن الاستعماري، وتجلى ذلك في تشكّل النص الدرامي لديه. ففي ذهابه نحو هاملت إنما أراد بذلك تحرير الخيال الشكسبيري من الخطاب الإليزابيثي وتجديد الاحتفاء بهاملت في كتابة استعادية لا تخلو من المكر والتآمر، بوصفه شاهداً على انهيار الأزمنة. ويحيل موللر سبب ذلك إلى «التاريخ الذي سيظل يسير فوق الجثث حتى يصل النهاية».

مثَّلت مرحلة الانقلاب على البريختية في ألمانيا عتبة رئيسة في تطور المسرح من خلال الانفتاح على آفاق الكتابة الملامسة لانحسار حسّ الإنسان، وتهميش حضوره على الخشبة، فولدت عدداً من التجارب الوازنة على مستوى الكتابة والإخراج، التي عملت على تحريض العقل النظري على اجتراح نظرية منبثقة من حركة الزمن نفسه في عالم المركزيات المضادة للانفلات من المسلّمات الثقافية المقدسة. ويُعدّ (مسرح ما بعد الدراما) لهانس تييس ليمان انقلاباً معرفياً وتأسيساً لعالم مسرحي جديد لا مكان فيه للقصة والحدث، إنّه مسرح إنساني

جامع لثقافات فرجوية خالصة تتنقل من الطقس إلى الاحتفال بأفكار ورؤى مدفوعة بعمق نحو التجريب. وكان مولر شديد الإعجاب بعوالم روبرت ويلسون الإخراجية، وقد شكلا ثنائية فاعلة ومؤثرة في المسرح العالمي في زمن الجدار وما بعده، وما يُعيب مولر على بريخت به أنّه جعل من المسرح دعوة إيديولوجية في زمن بات فيه المسرح محاولة أخيرة لاكتشاف ال (أين) من دون الاستعانة بحكاية وحدث، أي مسرح كوني مفتوح، يتغذى على ثقافة بلاغة الاشتباك الفراغي، تكون فيه الحركة معاودة للبطء بحركة فراغية تقول كل شيء في حدود اللاشيء. أما الإيقاع الدرامي فيكمن في كسر أفق نظرية الملل البيكيتي، وليس العبث كما يروج ضيِّقو الفهم المسرحي.

فردوس هدايت

«هل يمكن للغة لا تعرف كلمة الموت أن تكون قابلة للحياة».

– إلياس كانتي

تعكس التجربة الإبداعية التي توهج بها «ليل طائر الفجيعة» عن ارتباك مصيري عانى منه الكاتب الإيراني صادق هدايت، حيث لذعة الغياب في كائن تواق للنسيان، فجاءت نصوصه السردية ناطقة برغبته في ضرورة الانسحاب نحو الداخل للاحتفاء بديمومة نزال الشكّ وقيمته بالنسبة للكاتب والفنان. وتُعد حادثة حرقه لبعض من مؤلفاته محاولة جادة منه لتحقيق أحلام سلفه كافكا الذي اجتهد هدايت في فرسنة عدد من قصصه، ما جعله عرضة لكثير من المضايقات والتنكيل بشخصه بذريعة نقل ثقافة مشبوهة. ويبدو لي أنَّه كتب «البومة العمياء» كي يقول لصاحب المسخ إن عظام جحيمنا مكسوة بلحم واحد. إذ لا يحسّ طائر الليل بالعمياء إلا بعد أن يرى ولوج صراصر اليأس وخروجها من روحه قبل جسده، حينئذ يُلقي ببصيرته في غياهب اللانهائي، جامعاً ما بين الرماد والعسل في كف مقطوعة بهيأة منبسطة، تتدلَّى قلادة من عنق

تمثال أوديب، داعياً الطير الملعون ليأكل منها.

يذكر الشاعر والروائي الفرنسي المعاصر ماتياس إينار في روايته (البوصلة) إنَّ «البومة العمياء حلمٌ بالموت. كتابٌ عنيف، ذو إيروسية متوحشة، حيث الزمن هاوية تلفظ محتواها كقيءٍ سامّ. كتابٌ أفيوني».

إذن، نحن أمام ملاك يروي مقاماته بتمزّق عنقاوي، نتيجة ما يعاني من انخساف كارثي في تصاعد نحو ذيل تلك النجمة المشؤومة المبشرة بالخسوف الأبدي الطاعن في سماء الوجود الكافكوي المتهدم داخل كاتب وفنان كصادق هدايت.

ثمة سؤال يستفز زمن الكتابة عن فحوى الدخول في نزال خاسر مع الزمن، وما الجدوى من استنزال الجحيم والاحتفاء به جسدياً؟ في اعتقادي أنَّ كاتباً مثل هدايت ليس بعيداً عن أجواء الانسحاب إلى الجوف الإنساني، هناك حيث الالتجاء إلى مغارة التألّه والالتذاذ بقيمة الكابوس المستقدم من عميق الروح، بيد أنَّ ذلك لا يتحقق دونما امتلاك الكاتب أو الفنان تلك البراءة المدنسة المتمثلة بحيازته روح مستخلصة من امتصاص لغة الغياب الحتمي فكان يتحرّك بهمة روح الموتى التي إذا ما اتسع ثقبها، فلا شك بأنّ الكارثة سوف تحلّ بصاحب تلك الروح.

وقد لمسنا العصب الحسّاس ذلك الذي اجتهد هدايت في أن يلمسه بحاسّة محفّزة بالوحشة والمسؤولية، ما جعله يكتب بمذاق لهب الحياة في روحه المستشاطة نحو أعالي انتكاسة الإنسان في بواطنه، فرأى في العزلة والتشرّد محاولة أخيرة في الردّ والمواجهة، هذا ما أفصحت عنه سراديب السرد في البومة العمياء وقصصه عن الجنون، والمخذولين ولاحسي جسد الدهشة بلسان منقوع بلعاب المُخَدِر، كأنَّهم يقومون بطلاء الحياة بأصباغ الموت، لكن كيف استطاع هدايت أن يفصح

عن سرّية ذلك الجحيم في رواية من 112 صفحة؟ أليس في ذلك اللغز جواب نهائي عن نصاعة زمن الموت لديه؟

متى تكون التجربة هي الكتابة نفسها؟ وهل ثمة مجاهيل يسلكها الكاتب كي يبلغ عمق تلك الحفرة الغائرة في الوجود المسمّاة: الذات؟ وكيف يتمكن الخيال من التخلص من ذلك النتوء الوجودي، وانقاذه من النسيان والتلاشي عن أنظار العالم؟ في اعتقادي أنَّ للبومة العمياء كلمة الفصل في ذلك، حيث يقول: «إنني أكتب لظلي فحسب، ظلي الساقط أمام المصباح على الجدار. ينبغي أن أُعرّفه بنفسي». بهذا الاعتراف الفجري الناصع يكون قد أعلن دخوله جغرافية اللاقول، أي عالم الصمت النصي، العالم الحافل بكآبته المقدسة المنبثقة من ملكوت حواسه «كل ما هنالك، أنَّني كنت قد نظرتها سرّاً وخلسة من ثقب كوة مشؤومة في جدار ملحق غرفتي مثل كلب جائع يتشمم على المزابل، لقد كانت بالنسبة إليّ باقة زهر غضة طازجة ملقاة على مزبلة».

بالطبع إنَّه نوعٌ من الحب المحرم العابر لتصورات الحضور والغياب، الحب الذي استعجل يوكيو ميشيما في الذهاب نحو أفق الكتابة الخالدة المقرونة بضرورة توافر نهاية بيضاء مرَّةً تكون بالقفز من النافذة مثلما فعلها الفيلسوف جيل دولوز، ومرَّةً بمباركة المُخَدِّر الذي استعان به هدايت في كتابة سيرته روحياً، عبر رحلة البحث عن نصاعة الموت ليتطهّر من قذارة الموت الرتيب، فالانتحار لديه هو انتقال من موت قذر إلى موت نظيف مُنزَّه من آثام المتاح، في بحث دائم عن رقة المستحيل، فعند فحص عالمه الإبداعي نرى بأنَّ التجربة هي مصفاة خيال بالنسبة لكاتب تمتع بحياة سريالية بشهادة أندريه بريتون الذي احتفى برواية البومة العمياء وعدّها إحدى الروايات المهمة في لائحة الأدب السوريالي الطارد لجنس الرواية.

عند قراءة «البومة العمياء» نلمس وحشية الختن الدريدي، ونرى بأنَّ صفحات الرواية تنز بانهمار ذلك الدم النازف من بين فخذي مباهج العدم المتأتية من حشرجات المخدر وتدحرجه على لسان الحجر، إذ في تطابق السرد والتجربة نلمس براءة ذلك «الفارماكون» الذي يعده دريدا من الأطعمة المفضلة للملاك المنبوذ النازح من عقل هدايت إلى جسده المتوهج بنشوة ترياق اللذة الموعودة والواعية للتأله المرآوي في لحظة الانتحار وما نسبة إسهام الأدب في ذهابه نحو مصائر مفتوحة، هل أراد بذلك أن يفضح عجز الكتابة في بلوغه مآسيه، أم كان يرى في الانتحار الرواية التي يتوجب عليه كتابتها بدافع المحو ليغدو من سكان جزيرة فراديس بودلير، وفالتر بنيامين، وتيوفيل غوتييه، ومدمن بوروز، وهانز فالادا؟ الجزر المحاطة من جميع جهاتها برغائب الجنون الحواسي المؤدي إلى تخفيف وطأة الواقعي، التي هي من وجهة نظر صاحب أزهار الشرّ، تخفيف لذلك الإرهاق المنبثق من الاحتفاء بـ«رقٍّ سماوي صنعه الله، وهو ذاكرتنا التي لا تُقدّر».

❋❋❋

نزال الجسد في معارك جوزيف بويز

«إنَّ أعمال جوزيف بويز- مهما كان شكلها- هي قطع دلالية عن نطاق معين من الأنشطة وليست أشياء تؤدي إلى وجود خاص بها. فهي مثيرة من الناحيتين الفيزيقية والنفسية، وليس من الناحية الشكلية».

– إدوارد لوسي سميث

في أداء (برفورمانس) بويز يبدو الجسدُ حوضاً زجاجياً، فيما يتراقص في داخلِهِ الألم الإنسانيُّ أجملَ سمكةٍ زينة، كيف لا وهو القائلُ بأنَّ الفنَّ هو إمكانيةُ الفنانِ افتراسَ جسدِهِ بأنياب عصرِه.

في معرضٍ حديثِها عن آليات اشتغال البرفورمانس تقول مارينا أبراموفيتش: إنَّ جوزيف بويز هو من جعل للجسد حضوراً فنياً لافتاً، فمعه أوّل مرة في تاريخِ الفنّ عرف الجسد متى يكون عملاً فنياً، وكما هو معروف عن سيرة الفنّان من أنّه قد استعاد حياته بالمصادفة، علي يد فلّاح ألمانيّ، بعد أن سقط من طائرة حربية، لذا عمد بويز في صناعة أعماله إلى استعمال موادّ مؤكدة الزوال، إذ الفن لديه هو المصادفة، وليس ثمة مختبر للمصادفاتِ سوى الجسد، ويعتبر

برفورمانس «الذئب والرجل المتخفي» عتبة ولوج إمبراطورية الجسد البويزي.

يعتمد الجسد في مناجاة مأزقه حضور البُعد الطيفي للكارثة التي ساعدت على تحويله إلى حكاية مروية في هوامش الوجود الأول، فكثيراً ما يرتكز على المراوغة، مالئاً بها فراغهُ المُلغى بحجة عدم الوثوق بطاقته المُطهَّرة بوصايا السلطة القائمة على ضرورة محوه.

في أعمال جوزيف بويز حدث تبادل أدوار مرتَّب بغواية المشهد الحياتي لمرآة العرض، الذي أحدث في المشاركة وجسد الفنان احتكاكاً تثاقفياً قائماً على استفزاز المتحول اليومي، أي الأمكنة، وتحريكها بالمتحول الثقافي الذي هو الجسد بوصفه فرجاراً زمكانياً، يضطلع بمهمة رسم الخطوط وهندستها، فالجسد هو مهندس اجتماعي تُحدّد خبرته بقوة تشاكله وتداعيات المصير الإنساني، ثمة خصيصة يتمتع بها الجسد، إذ لديه إمكانية عجيبة في التشهير بالخراب وفضحه؛ لكونه يتربع على كنز معلومات يحاكي أغلب الحقول الجمالية والإنسانية، فمن دونه لن نتعرَّف على مجازر البوسنة، ولن تصلنا أخبار ما حدث في جنوب السودان، كذلك لولا ضحايا المفخخات والأحزمة الناسفة لما تكشَّفت لنا خفايا المأزق العراقي، من هذا نفهم أن فطنة الجسد تؤهله لأن يتلاعب حتى بالأمكنة.

وهذا ما تأكد في برفورمانس بويز حيث سعى إلى استفزاز جسد الحياة الذي هو المكان بالجسد المادي نفسه، ما أدى إلى خلق نوع من الملاقحة الارتدادية، بمعنى أن المكان قد ارتد على جسده اليومي، وقد حدث ذلك نتيجة ارتداد الجسد نفسه عن شبحيته المرافقة لما يحمل من فلسفة مكانية من هذا التلاقح الطيفي المُتشكِّل من جسدنة الخطاب الجمالي للعرض، ويتضح لنا حضور عارض ثالث مشارك في عملية العرض، ألا وهو جسد المتلقي. ففي عروض الأداء يحضر المتلقي بجسده ليس زائراً فحسب، إنما يحضر بوصفه عارضاً لا بدّ من مشاركته في

اللعبة، لكنه يحتاج إلى امتصاص جسد المرحلة ليتعرف به على جسده، فيجمعه من ثقافة المكان المُشفَّرة بشجاعة جسد العارض. إذن، في عروض الأداء تكون مهمة المتلقي إنتاج الجسد الجماعي الحامل لأدنى تفاصيل العرض. وكما يقول جورج فوكس إنَّ الحركة الإيقاعية للجسد البشري داخل الفضاء قادرة على إصابة أشخاص آخرين باهتزازات مماثلة أو مشابهة إيقاعياً لتضع الجميع في حالة النشوة نفسها، بيد أنَّ ذلك لا يتحقَّق دونما تطوير الاستفزاز نفسه، بمعنى أن يكون الجسد ذا خبرة عالية في مخالطته للمكان قبل التواجد فيه، وهذا عينه ما سعى إليه المخرج كلاوس جروبر في عرض «خراب» الذي قدمه داخل أنقاض فندق إسبلاندة، وغيره من المخرجين الذين اشتغلوا على ثقافة تفعيل دور الأماكن المُستفَزة بالجسد أمثال المخرج رينهاردت الذي قدم عرضاً لنص شكسبير «حلم ليلة صيف» في غابة صنوبرية وقعت فيها الكثير من المجازر بحق الفلاحين، وغيره من المخرجين أمثال غروتوفسكي وكانتور.

هنا يأتي دور الجسد لاستجواب المكان، أي توجيه سؤال إلى الحادثة بوصفها ذاكرة مكانية أو علامة غائبة تُفعل بحضور المستجوب الأيقوني الذي هو الجسد ويمكن أن نقول إنَّ الجسد هو المجاز الضمني لثقافة المكان مهما كانت الجغرافية العلاميّة التي ينتسب إليها. وأعني بالجغرافية العلامية هي ذلك الخزين الثقافي الذي يمتصه الجسد، ويتكون به الصوت الداخلي لكل شعب أو قومية، إذ «الجسد هو مادة الوجود الخاص» هيلموت بلاسنر، وهذه المادة الخاصة ذات مزية لسانية، أي أنَّها قادرة على التعايش مع الحالة أياً كانت للتعبير عنها وطرحها على طاولة، مرّة تكون موائمة للظرفين ومرّة للتشهير بها، فالظرفان ولا سيما المكان، نادراً ما يكونان تحت سلطة العقل، وهذا ما نفهمه من طروحات فوكو في تعرضه لموضوع بناء السجون، في حين يجيء دور الجسد لقول كلمة العته

والجنون. وبهكذا رؤى ضيقة وسَّعت السلطات من مجال نظرتها للجسد جانباً قيمياً. وانطلاقاً من هذه الهيمنات سعى جورج ليكون مجانباً الأطروحة الفوكوية في سلسلة تناولاته المعرفية لموضوعة الجسد العقل، حيث عُدَّ هذا الأخير بأنَّه غير مُجسَّد، وبما أنَّه مستفرغ من الجسدية فمن المؤكد أنَّ سلطته ستكون أكيدة؛ ذلك لافتقاره إلى عنصر الملامسة، فالفكر يثير الأسئلة لكنه لا يلامس أبداً، فثمة كائن مفترض الوجود بالخيال معني بهذه الممارسة، لهذا نجد أنَّ العلوم الإنسانية انصهرت في رعايتها لثقافة الجسد أكثر من العلوم العقلية؛ ذلك لأنَّ العقل يتعامل مع الممكن المستحيل، فيما ينصب اهتمام الجسد على مستحيل المستحيل، فما تؤكده حالات الجنون يشي بأسرار الطاقة العقلية للجسد؛ فمن الجنون فقط يكتسب العقل جسدنته، أي يتحوَّل إلى معمل خيالي، كذلك يمكن للمكان أن يتخيَّل وجوده بالجسد.

إنَّ الحالات الاستثنائية التي يستحيل فيها الجسد إلى ظاهرة مكانية قليلة جداً، ويمكن عدّ الجنون الحالة الأهم والأقرب للمستثنى؛ ذلك لأنَّ المجنون يسيطر على المكان بوصفهِ عقلاً متغلغلاً في منظومة فكر الآخر النابذ لشذوذ فعل الجسد المُعقلن بالرفض للعقل القطيعي. وهذا يدل على أنَّ المكان خاضع دائماً لدعوات العقل وملبٍّ لندائه؛ لهذا نجد أنَّ الأمكنة المحكومة بحضور المجانين تخلخل نظام العقل، وتثير الفوضى في مدن الأفكار السلطوية، مما يؤدي إلى عدّ هذه الأماكن مناطق عزل وجريمة؛ لأنَّ العقل فيها مُصادر، بمعنى أنَّ خطورتها مؤكدة؛ ذلك لأنَّ ما يصدر عن المجنون هو جريمة لكنها غير مُعقلنة، وكل ما هو غير معقلن يُحار التعامل معه، وقد تعلن القوانين عجزها آنذاك.

في فيلم «أحدهم طار فوق عش الوقواق» الحائز على جوائز الأكاديمية الخمس للمخرج ميلوش فورمان وعن رواية كين كيسي، يفتح الجنون ذراعيه

للمكان ويستقبله بخيالٍ جسدي. فتصوير الفيلم في مشفى Oregon State دليلٌ على زعمنا القائل بأنَّ العقل يُجسَّد بالجنون، فثيمة الفيلم تقول إنَّ المكان هو معطى عقلي؛ ولكي يُنفى هذا المعطى ينبغي علينا جسدنته، وليس ثمة طاقة غير الجنون قادرة على تفتيت صخرته، ثم إنَّ تصوير الفلم هناك يوحي بتوجيه إدانة للعقل بوصفه المحرِّض الأوَّل والأخير على ضرورة الحجز، وتصدير الأحكام الداعية لذلك، وفي ضوء ذلك يجوز لنا القول بعقلية المكان، بيد أنَّ ضرب العقل يتطلب حضور جسد نيتشوي مُفكِّر.

يجب الإشارة هنا إلى أنَّ فن الأداء يعتمد على ركيزتين مهمتين هما الجسد والمكان، وليس الجسد فحسب، بحسب ما يظن البعض، فالتهاون في اختيار المكان تصريح بعقلنة الجسد ما يعني التسليم بموته المحتوم، وفي ضوء ذلك يمكننا تعريف عروض الأداء على أنها حالة استثنائية يستهدف بها الجسد العقل باصطياد المكان المناسب والمُستفَّز.

في فيلم «بويز» الذي يُصنف في خانة الوثائقيات، برع المخرج (أندريس فييل) في استنطاق سيرة الخيال، بسبر العوالم الحياتية المُسهمة في تشكّل تجربة بويز الفنية، حيث وُظِفت كل إمكانيات سينما البوتريه الحي، وليس المستضاف أو المستدعى بممثل كما يحصل في نوع من الأفلام السيرذاتية؛ لأنَّ تشريح شخصية كجوزيف بويز يحتاج إلى حضور الظل ومصدره، ومن دون ذلك تصاب الوثيقة بالتآكل وعدم الوثوق بها، فما يحمله من تناقضات وجنون ومشاكسة على مستوى السلوك والفن، يجعلنا في شك دائم من عدم تمكّن أي ممثل من بلوغ سرّه؛ ذلك لأنَّ التجربة جنون، وكل تجسيد لها هو عقلنة، فضلاً عن كسره زجاجة الحياة بحجارة الزمن المتمثلة بشهادات المعاصرين، تمكّن فييل من مطاردة بويز والتعرض لأهم طروحاته من قبيل نظرية النحت الاجتماعي

التي أصبحت العمود الفقري لصوريات ما بعد الحداثة؛ ففيها أخرج الفن من غرور الأشكال الميتة إلى حلبة الصراع مع الإنسان والتلاحم معه. بهذا يكون بويز قد أعاد خلق دوشامب من جديد، لكن هذه المرّة بحلّة أكثر شراسة ومصادمة مع السائد.

⁕⁕⁕

عين إديث

الرؤية: كالحب هي خروجٌ من العالم الإثنيني، ودخول في الواحد اللامحايد، وبذا يكون الجنون هو مبادرة تقترحها العين للقاء حاستين مختلفتين في حاسة واحدة.

عندما علمت بأنَّ لديها عيناً تعدو بين حواف الأشياء، واجهت المرآة، صوتها، بسؤال مستفز، أين تنام العيون في انقراض الوجه؟ إنَّه تواصل مع الفراغ بعدمٍ مشدود بخيوط تماكرت على النَفس من هناك إلى حيث يقيم الهواء في نواحي فراغه المستغور لفكرة العين بلا وجه صوتي، في لحظة لَمَّاحة لنقصان الوجه، وما سوى ذلك لدى أوديب.

عين بلا وجه، هي ذي إديث بياف، العرَّافة الباريسية التي التهمت وجه مخلوقات رودان بشراهة عينيها اللتين هما صرخة تستفهم الموت عن زمن انكتابها في وجه مُبودر بالفراشات الميتة، ورمالٍ آثار السحالي، فأيَّ نظرة حياة ستتحصَّل من سردابين يرمقان الوجودَ بقدَّاسٍ يستلهمون موسيقى موتِهم من سُلَّمٍ حجري، يحيا في مَدلَّكة من زعفرانٍ ودم.

غناء هذا أم طاووس ينعى ذاكرة أرياشه؟ غناء هذا أم موعد انفلات الرؤيا

من حدود لقائها بالزمن الخالع لمهابة هاملت قبلةً بهيأة غرابٍ في رقبة أوفيليا، أم نظرة منذورة إمِّحاءً وانكتاباً أوديبياً في حجر الإلهة.

في عينيها يقترح أوديب نظرية جديدة للالتفاف حول الخطيئة بذنبٍ مستساغ من الحجر ولا شبيه لتمزّقه سوى خسوف الهواء بالحجر وهو يسقط في جسده الذي يظنه أرضاً فيمحى، نتيجة جهله في أن يسقط بتؤدةٍ في جسده كما الموتى وهم يسقطون في أجسادهم. فيما يظنّهم أمثالي الفاقدون للنسخة الأولى للسقوط، هوادج موت.

ما معنى أن تكون لك عين شاغلها رصد حركة الموت في وجهٍ يستنبت النسيان بالمحو، أهذه حكمة الحجر الناقص؟ وكيف تصير العين حجر الإمِّحاء في الوجه؟ فمنذ موتها الرحمي وعيناها في تجلمد وجهي، فلا طفولة بمستطاعها التسلّل إلى ممر المواربة الكبرى سوى تحديقة موتٍ تنزع مهابة الأشياء، فالعين هي انهيار للقصي في تشكّلٍ دائم لغائب النسيان الذي هو تلويحة بداية موت الوجه.

في سفرٍ فرجيلي توغل العين في معاريج وجهها، تسحب الأشياء إلى حيث يكتب العمى سيرة الرؤيا، كاسرةً الأفق بحدقة المستحيل، مما يمنح المجهول رغبةً جامحةً في تأصيل مجهوله في زمن الرؤية قبل تلمس الشيء، هي تعمل على الانبعاث من القصي إلى اللاقول، في مغامرةٍ تستمد من النسيان انكتابها في الفراغ.

ماذا قبل العين وبعدها، ما زال سؤال الفراغ يؤرّق ليل الأحياز، هل العين ورد ليلي، يضوع بروائح الرؤيا في انسراب الشكل من فضائه؟ أم هي خط النسيان المنقلب عليها طرسياً في ذاكرة الأشياء نفسها، وليس سوى العين من تثير الرعب بين سكان مخيمات الشيء، فهي نمامة وحكّاكة، وبارعة في لعبة

المناومة الشبقة التي في حضورها يكمن استكشاف الغائب من النسيان، إذ كل رؤية هي ألفة النسيان لانطوائه البعيد، وكل إبداع منقوص بلا نسيان، ففي العين يتعرف النسيان على موته المرجأ، وما يرجح نسيان العين على نسيان العقل أن الأول متأت من تعرّف النسيان على حركته بالحواس منطق غير عقلي، أما نسيان العقل فهو سلطة للتذكر.

هواء، فراغ، حجر، موت، هذه أعشاب تنمو في اكواريوم الحواس الحاضرة في العين، وإنّ لهذا الحضور ضرورة إقرار في وجود اتجاهين للعين أحدهما داخلي يسمى بالمنطق الداخلي للرؤية وهو البصيرة التي هي عين الفعل، تلك الراصدة لحركة الزمن الشعري في الأشياء، أما النوع الثاني فهو عين الاسم، العين المنوط بها تسمية الوجود بالجسد عبر إدراك كثافة الأحياز، وإن لقاء هذين العينين استنفاذ لـ«فراغ الاشتباه» الزمن الإشكالي للفكر الشعري. فأيّ من العينين تحضر أولاً؟ من هذا الجدل يحق لنا اجتراح سؤال نافذ في العدم، هل العمى الإبداعي في الأدب والفنون ناجم عن عجز المشتغل الفكري والجمالي في جمعه للعينين في عينٍ ثالثة؟ وهل يعزى انتحار فان غوغ لامتلاكه هذه العين الأسطورية؟

الوجه هو مرآة لإيقاع نسيان يتوكد في تعاقب إمحائي لشريط الفعل الخيالي الحامل لمسرة الموت في حفرتين دفنت فيهما شموس فان غوغ، منقوش عليها بمخالب تأريخ السطوع الأوّل، وههنا يحق لذئب العزلة إعواره المفتعل، هاتان اللتان لدى أديث بياف عينان أم شاهدة قبر.

أيها «العين كيف نقيم صلة معك لتبقي عيناً»، من الذي أحسّ بانثلامك في الأشياء لتبقي عيناً، فالنسيان كما الموت أوانك الزمني، فيه تخرجين من التماثل إلى التجريد مثلما تخرج اللغة من المنطق إلى الحاسة بالشعر الذي هو بالنسبة

للخيال بلوغ للمكر بالعين قبل الحواس الأخرى.

ولا تشكيل لفضاءٍ من دون اتصالٍ حواسي يدفع بالرؤية إلى ضرورة مقاطعة المنطق بما يرى، إذ العين هي شعلة هوميروس المسروقة من لصوصها الأربعة، فعند مواجهتها لعمل فني توزع نشاطها على الحواس الأخرى لعلمها بأنّ الرؤية فعل وتسمية، ولا يتم هذا دونما تبصير الحواس كلّها، إنّها لحظة المنازلة الكبرى بين الحواس والعقل.

لا يقتصر دور العين على اتصال الفعل والاسم فقط إنما لديها مهام لا يفهمها سوى ذي العقل الحاسي وأعني بذلك المجنون، وتقترن فاعليتها في الوجه في آلية عودة المجانين إلى منازلهم ليلاً، إذ تعود بوجه صاحبها من الغياب إلى الإمحاء؛ ذلك لأنّ الإنسان يحدق في المرآة بدافع نسيان ما رآه بالغد.

إنّ لحظةً مستقطعة من اعتيادية الزمن والعمل عليها بفطنة من أدرك حماقة الزمن خارج الجسد كفيلة بتنظيف العين، وتحصينها بحراس أشداء لا يتوافرون إلا في إمبراطورية المحو، وأعني الخيال السائل المجترح لمبادرة موته بالحركة، فما تحرك العين إلا إحماء خيالي للحواس الأخرى.

ليست كل العيون لديها القدرة على الاحتفاء بفواجع الحضور والغياب، فثمة صبغة نادرة منشؤها الجوف الإنساني للفرد، التي في وجودها تستحيل الهالة المتآكلة بعهد أوديسي إلى قبر غائر في الوجه، هناك حيث ترتقب بينيولب عودة الحب الأسطوري الذي أقام في عيني إديث بياف وهي تستذكر موت مارسيل سيردان.

لا هدوء ولا استكانة في عيني أوديب، إنّهما موضع نزال الشك في حجر الإلهة المتمثّل في وجه ضليع بارتعاب الحب بحجرين جاحظين في لمعانهما الليلي

وهو يعبر من الخوف إلى حاسته، ومن الموت إلى ذاكرته عبر حنجرة اتخذت من الغناء محاولة في بلوغ فراديس رويا النسيان، لكن كيف لأوديب أن ينسى؟ وهل في فقء عينيه أمل في ذلك.

***

شتيمة دوشامب

«عندما جاء دوشامب بالمبولة حينذاك، اكتشف عالم الدمار شكل جمجمته».

– دالن سالزمان

إذا كان لكل زمن ثقافي شتائمه المبتكرة والبديلة، فإنَّ دوشامب هو اللِّسان الفكري المؤسِّس لشتائم ما بعد الحداثة، أو ما يمكن تسميته بفجر الشتيمة الجمالية الحديثة، فمعه تمكن العقل الفني من مغادرة كآبة السائد والنزول إلى شواطئ المرح الداعر، والحديث عن معجزة المبولة هو في الأساس حديث عن مراحل تطور الفكر الإنساني حيث «الفن هو طعام الفراغ» موريس بلانشو، ولا يؤسِّس الفراغ إلّا بتوافر فكر حادّ يضاعف من طاقته في مزاحمة تخمة الفراغ، بمعنى أن ينغمس اهتمام الفنان على تبني القطيعة المريحة– كما حدث مع سيزان ورامبرانت– بأخرى بديلة، وهذه ثقافة الرّد على امتلاء الفراغ بفراغات مضادة وليست فراغات فحسب. ويمكن اعتبار المبولة مثالاً مؤسِّساً لثقافة الفراغ المضاد، وخلافاً للشتيمة الحلمية للخيال التي اعتمدها السرياليون، فقد تبنى دوشامب إيقاع الفراغ في توكيد شعرية القذارة باستقدام الأشياء المنبوذة،

وزجها في تنافس مع المقدس الفني المتمثل في أعمال كبار فناني عصره، ذاهباً بذلك نحو اجتراح سريالية دوشامبية قائمة على ضرورة البذاءة الفكرية، وما المبولة إلّا إعلان صريح على رؤية دوشامب للقيمة الفنية، لكونه يرى أنَّ الحضور الفعلي للفنان يكمن في الإيجاد الضمني للزمن، ومهمته أن يعبث في الوجه الفني للمرحلة أو العصر، وهذه مزية الارتكاز على الإيقاع الفراغي للتجربة الذي هو فعل دادي.

كان لـ(فرانك ويدكايند) تأثير كبير في حياة دوشامب وفكره، ويذكر أنَّ لفرانك أعمالاً مسرحيةً صادمةً، فكان «يتبول ويمارس العادة السرية على خشبة المسرح» جانيس مينيك، ويبدو أنَّ مخترع المبولة قد امتص رغوة الجنون الفكري من مشارب متعددة ومنها اهتمامه بفيزياء الفعل، مجسداً إياها في لوحة عارية تنزل السلم، وبذلك أنتج الكثير من الأعمال الهامة، وجاءت المبولة لحظة انقلاب فكري في المنظومة البصرية المعنية بمغادرة عالم الصباغة، والدخول في مديات الشيء الجاهز المؤسس لقيمة الفراغ المضاد؛ لأنَّ التصوير الزيتي من وجهة نظره أصبح تاريخاً مجرداً، وبهذا يكون دوشامب قد جاهر بذبح الخنزير الإستاطيقي وسلخه أمام مرأى الكون الفني، وجاء هذا من رغبة جامحة في الاحتفاء بالجنون الدوشامبي، ومحاولاته الدائمة في الاعتداء على الخيال بوصفه متناً فكرياً، والعمل على صعود العابر الزمني أي الأشياء اليومية من طاولة، وكرسي، الأمر الذي يمنح التجربة الاحتفاء بإيقاع المحاولة، وبذا يكون الفن عدوّاً في جمجمة الفراغ الكوني.

إنَّ ما يميز شتيمة دوشامب أنَّه منذ دخوله المبكر في عالم الفن سارع إلى تطعيم خياله بالانقلاب على تراث الأسلاف؛ ذلك لأنَّ تلقيح الجنون الفني هو علاج فعال ضد مرض جدري التفاهة الدنيوية ويتوافق رأي بالمر هذا

ومحاولات الفراغ في تأكيد زمنه، وأُولى شتائمه كانت في إضافته شارباً للوحة الموناليزا الشهيرة، معضداً بذلك شتيمة صديقه فرانسيس بيكابيا عندما رسم بورتريهاً لسيزان على هيأة قرد محنّط، إذن، الدوشامبية هي فعل فني لا مرجعيات له سوى زمن الحركة أو الأداء، وهذا ملمح دادي لكنه غير مُعرّف، ومن هذا نفهم أن دوشامب ينتمي إلى الدادية أكثر منها للسوريالية؛ لأنَّه رسَّخ من ارتكازه على الفعل الفني، لهذا جاءت شتيمته متفردة ومحتفى بها من كبار الفلاسفة والمفكرين، وفي هذا المقام يذكر الناقد إيهاب حسن بأنَّ مع المبولة بدأ الفكر الإنساني عهداً جديداً، وتنامى الإحساس بعدمية الزمن حيث الاحتفاء بالظل الإنساني بوصفه مخلفات حربية لا وجود لها إلّا في ذاكرة الفراغ التي هي العدم. وكلَّما تجذرت فكرة العدم في وجود الفنان صار الفن هو الوعي بالفراغ، ويتحوّل عمل الفنان من منتج جمالي إلى طبّاخ مفاهيم ورؤى. ههنا يعلن الدخول في الكهف الفلسفي، بذا يمكننا عدّ المبولة شتيمة فلسفية وليست عملاً فنياً عابراً، كذلك هي نبوءة سبقت نظريات ليوتار وكتيبته المابعد حداثية، فبعد رسوخها في دماغ الفكر المعاصر وتداولها نظرياً، يحق لنا القول إنَّ المبولة خلقت إستاطيقيتها الخاصة، فلا فن دونما تحرّر من سلطة التراث الخيالي، وقيمة الوعي بالفراغ تكمن في بلوغ الفنان عمق فراغه الروحي من خلال اشتباكه وأزمات عصره من حروب وأوبئة، وإنَّ ما ميَّز الشتيمة الدوشامبية من شتائم مجايليه من السرياليين أنَّها غادرت القصدية في تعاملها مع الفن. فالتجريب هو الضامن الوحيد لتحقيق الخلود الفني، وعلى هذا تقوم فلسفته في الفن.

ليس للشعر لماذا؟

«لستُ أدري: وأسأل نفسي:

ما جدوى الشعراء في زمن البأساء والضراء؟

ولكنك تقول: إنَّهم مثل كهان ديونيزوس

يهيمون على وجوههم من بلد إلى بلد

في الليلة المقدسة»

– هُلدرلن

ماذا سيكون الشعر، عندما تمرح يد الفراغ في موتها البهيج، موغلةً في مناشدة اللغة بالحواس؟ إنَّها لحظة تنديد سرّاني، واحتفاء بلذعة لقاءٍ ما لا يُنتظر في حانة غودو، الأمر الذي يجعل من الكتابة الشعرية انجراحاً وجودياً قبل أن تكون محاولة في ترسيم حدود مواضع الغرز، حيث خنجر فرجيل في تفتيش عن إقامة دائمة وليس طعنات عابرة.

في الغد

سأمضي كأي خريف

وآخر تجعيدة نُخِرت

ويحدث للقصائد أن تبحر مسافةَ احتضار.

يتحرَّك كائن الشعر لدى رويا إسماعيل بمغناطيسية عالية، وبوتيرة اندفاق واحدة موازية للتجربة الحياتية للغة بوصفها ظلالاً لتذكارات مطعونة بمدية أطياف تحاصرها في أرخبيلها الذاكراتي، فعوالم بنائها للنص تُلمِّح بأنَّها تعتمد العدو بين حدَّي المأزق اللذين هما: (الحضور، والغياب)، وفي ذلك إشارة باصرة إلى أنَّها تؤمن بتَّدفق الانكتاب وليس الكتابة، والأوَّل هو تدوين سري للإيقاع الأورجازمي للحواس، معلنةً بذلك عن موقفها من الأشياء والإنسان في آن واحد؛ ذلك لأنَّ الشعر بالنسبة إليها انقلاب حاسّي على حكومات العقل، بل هو رغبة شعوب الجسد في أن تنالَ حقوقها الحاسيّة، وأهمها ضرورة دمقرطة الخيال.

بإمكاني أن أرى

جسدي هناك

يتزاوج وضوء القمر المُتسرِّب إلى عمق المتوسط

بإمكاني أن أراه بعد شهر

تمثالاً أبيض على سواحل المتوسط

بإمكاني أن أرى مئات الكاميرات

تصور حدثاً ليس أعظم من جثة

أرادت أن تصير فكرة

وعضلة قلبك المصابة بالماضي في قصيدة ما

ارميها على رصيف قديم

لن تمر منه ثانية

وأشرب حتى الصباح

على بقاياك

وبإمكانك رؤية المزيد

فدعيني هنا

يا أنا

أتوه في رؤياي

دعيني

لا أجدني

إلى الأبد.

في «العشاء الأخير للرماد» ليس ثمة خمود، بل العكس، حيث الذات المشتعلة في تجربة تفتيش الحياة عن زمن مكثَّف يُدرك لحظة غورها المُشَفر بانصهار الوجودي بفراغه المتمثّل برغبة الشعر في اصطياد زمنه العابر لتخوم القول المستدعى من الجوّاني، في تلميح منها بأنَّ التجربة هي مطمارها الشعري، ما يمكّنها من قراءة طروس كوابيسها، ههنا يكون كائن اللغة قد فاز بتأشيرة الإقامة في الجرح السري للذات، الذي هو بحسب جان جينيه قبرٌ مُكثَّف بالحياة.

قد يلحظ القارئ أنَّ ثمة تكرارات زائدة في النصوص على مستوى بنائها للجملة الشعرية، أو في اللعب على الثيمات، لكن في اعتمادنا القراءة السرانية نكتشف أنَّ الشاعرة منهومة بإيقاع الدوران الجسداني وليس التدوير، وهذا الأخير إن حضر في نص ما فسوف ينقل الخيال الشعري من المحو السرنمي في تماسه مع الأشياء والحوادث إلى التيقّظ أو النوم الآليين. إذن، تكرارية رويا إسماعيل هي احتفاء بالطائش والعابر الآني المتساقط من أفواه سكارى العدم في حانتهم الكريستالية. وهم يحتفون بترنحهم التراكوميدي، فلا مكان يقرأ تيههم سوى أجسادهم المُدلَّكة برغوة كأس الموت على حدود الرغبة، ولا زمان يُنشد تذكاراتهم سوى لحظة مرورهم من الموت إلى الصمت. مُبرِّزةً بذلك قدرة الشاعرة من أن تُوخز عصب الشعر بالمُجاور الفني، فقد اجتهدت في توظيف ما راكمته من خبرة في السينما والموسيقا في كسر أفق التوقع الشعري من خلال اعتمادها المحو البصري، وحيوية التّموّج الصوتي، دافعة بذلك النص إلى المواجهة المُكثَّفة المناط بها تحفيز اللقاء بنفسها خارج اللغة؛ ذلك لأن المقام السامي للشعر يكمن في كتابة دياميس الروح بمداد البصيرة: الخيال، وهكذا يمضي الشاعر إلى تأكيد إقامته في متحف عوائه، بفرجة مجنون يفتش عن يده في جسد الأمس .

ما الذي سيتبَّقى للشعر في انفصال الجسد عنه، وهل ستتنفس اللغة مقامها السحري في انفراط عقد الرغبة بينهما؟ في اعتقادي إنَّ حدوث ذلك يعني انهيار الجهاز الحسي للوجود، والرضوخ لمبادرة مكننة الزمن الخيالي المُكهرب بضرورة وجود حاسَّة شفافة، تمنح اللغة جرأة أن تغور في بواطن ذلك التمزق الوجودي الذي يعانيه الفرد، حينذاك يواجه الشاعر هيأته، إذ هو ذاك الراصد لزمن تنشُّق الإنسان لرائحة وجوده وعدمه في الأشياء، والحيوان، كمن يُصوِّر مشهد انحفار

الهواء بصمته، في رصده لتنفّس الكلمة لمسار موتها في اجتراح تموجات جديدة، ترقى بالشعر إلى مصاف «الصلب الوردي» ذاك الذي لا يعي أسراره سوى الجسد الراشح بالكثافة.

حرةٌ بجسدي هذا

قد أغتصب الريح

قد أُغازل الجحيم

قد أُحرّر العقل من دود الماضي

ولا أُبالي

إن شاركني الغياب كأس الفودكا

أو سريري لبضعة موت

حرة بجسدي هذا

بجسدٍ نُسيَّ هناك

أو بعده

أو لم يُولد يوماً.

يحضر شبح الغربة في كتاب «العشاء الأخير للرماد» بجلادة نادرة، داحضةٍ غطرسة الجغرافيات القامعة، فكما نعرف بأنَّ الشاعرة إحدى ركاب سفن الضياع، وقد هاجرت من رَحمها السوري لتجد نفسها ملقاة على سواحل مُسنّنة بالقلق والرعب اللانهائي في مدينة هي أشبه بمنظر هيكل عظمي لحصان أصيل يتخذه الأطفال مخبأً للعب الغميضة. لذا هي لا تثق بسكنى سوى جسدها الذي

هو ميدان نزالها الفكري والرغبي، ويظهر أنَّها قد تماكنت مع الفراغ، مستعيضة بذلك عن المكان تجنباً للاحتكاك بالذاكرة المثلَّمة بالحروب وانعدام الطمأنينة، وعلى وفق هذه الترسيمة أرى أنَّها ترى في الكتابة الشعرية موقفاً مرآوياً عاكساً ما تعانيه الذات الإنسانية، إذ هي تكتب باستنفار منهوم برصد بياض العتمة، من دون الانشغال بأسئلة الحال والمحال، وكأنَّها في ترداد أبدي مع المتصوف أنجيلوس سيليزيوس «ليس للوردة لماذا» = « ليس للشعر لماذا».

تتمدد على جثتك

على ساحل مدينة بعيدة

تُدير ظهرك لمدينة الجماجم المتروكة

لشعري المتراكم في نهايات أصابعك

لجثة وجهي بين يديك

لشبحي إلى مطاردك

ولكل محاولات الحياة الهزيلة

وتتساقط السماء على وجهي

وتشنق كل عصافير العالم

ويصير الكون قصيدة رمادية

ولا أتذكر

وجهك

همومك

عضلة قلبك المثقوبة بأغلال وطنك

بشوارعك الضيقة الطويلة

بأشباحك

بفلسفة تتناثر في جمجمة الحياة

ولا أتذكر.

لقد انشغلت عوالم هذه الشاعرة بتشطير القول الشعري، مرّةً في تبنيها هرمونية التدفق الجملي للنص، والعمل على تشعّبه مرّات أُخر، وبهذا استطاعت إدماج الصوت الشعري المتمثّل باستدعاء المستحيل الحياتي خيالياً، بوحشية رنين الأحداث داخلها، مُخلِّصةً الكتابة من الدال المباشر، فالشعر من وجهة نظر هايدغر، هو «نزال على حواف اللغة بين هيأتي الحضور والغياب»، بل هو معني بفك التباس نفاد العقل بالعقلنة البديلة، الطريق الذي دُشِّن بخطى موكب الملعونين، أمثال: رامبو، وانتونان أرتو، وهولدرلين، فليب سبو، أولئك الذين تكهرب بحضورهم جسم الحياة شعرياً، ولأنَّها تنتسب لهذه السُلالة من الشعراء، نجدها قد برعت وبجدارة في النفخ على رماد اللغة بزفير التجربة، ملوّحةً بإمكانية عودة تلك الشعلة المقدسة وإيقاد شمعة العواء في جمجمة ذئب العالم.

أتعرى من عظامي على أطلال البداية

بيدين بلا ملامح

بيدين تقوداني إلى مجزرة مع اللغة

ونمارس التمعن

في الوجوه المتسلسلة

والغبار على جثة الهوية

لا شيء يعيدك إليَّ يا أنا

وتمضي إلى المقعد الأولي في الرحلة إلى الضوء

فيسقط

وتسقط على جرف سماري

كما سقطت طفلاً ذات يوم

لغة بلا قفص صدري.

ما جدوى الشعر إن يكن مقراباً أبدياً نتعرَّف من خلاله على مجرَّات الآخر بكل رنَّاته الوجودية، وليس ثمة آخر في عالم الشعر سوى التجربة المنشطرة بكثافتها، الناتجة عن ضرورة التذويب الكسموبوليتاني للمحنة الإنسانية، وهذه هي مهمة شعراء عارفين بجسَّ عصب الحياة بدبابيس موتهم الغائب. ومثلما طارد رامبو شبح عدمه في تلك الصحراء اللافحة، وقفت رويا إسماعيل على سواحل تيهها، لقناعتها بأنَّ الشعراء شِباكٌ أصيلة لاصطياد العدم.

***

نزهة في جمجمة آرتو

المسرحُ، سِفاحُ زهرة في حُنجرةِ الموتى، بل هو مُلاسَنَةٌ شوكيةٌ بين الهواء والعطرِ! أليس كذلك يا أرتو!

كيف ندخل عالم الموت الضحّاك، وأيُّ أصابع تتجرأ على أن تطوف بحاسّتها وجه أوديب المُنمَّش باللعنة التي جعلت من زهرة الشعرِ مسواكاً بفم الموت في مصحة الجنون التي رأى فيها اتساع ذلك الرحم الأبديّ.

هذا الهائل هو شبحٌ يُدعى انطونان آرتو، طفل القرائن المرعبة على خشبة الإله المتمثلة بالجسد المطرود من نعيم اللّذة، هناك في أقاصي جسده حضر الإله؛ ليشهد ذلك العرض الوثني لملائكة تُحصي لعناتها بتذكّر احتمال موت الرب، ناسجةً من ظلال الغيب ثوباً للجنون القادم العابر لليل المصحات ونكات العقاقير وهي تتلوى في ممشى الأعصاب منفردةً بذلك الصوت الخالص المنبعث من شريعة موتهِ، وهو يتحدث إلى نفسه عن موضع الذئب في الجسد الأخير النائم بين جفنيه. إنَّه أرتو: أوديب السريالية وسيد لعنتها المفضوحة ومدوّن سيرة تعاليمها الحجرية بنظرهِ الثاقب والدافع بالحواس نحو أفقٍ خالٍ من أثيرٍ طوطمي. و«أوديب ليس حالة رغبة ودوافع، إنَّه فكرة» دولوز، هناك

في تلك المدينة المجهولة شيد معبد القرين فاستمع إلى صوته الخاص المتوحد مع رغبة الله في الاستماع إلى نفسه.

وكم هي التلويحات المنطلقة من عالمه إلى مجاهل الأدب، والفنّ، والفلسفة، بجميع عبقرياتها، فما إن نفتح مؤلَّفاً إلا وجدنا آرتو متربعاً على عروش أفكارهم، واللافت للنظر أنَّه على الرغم من إصرار الحياة على ثني عزيمته ومحو أثره بالسفر بين المصحات والمخدرات، إلا أنَّه أكَّد بجدارة على قدرة التنكيل بجثة غرورها. فمن قرأ جسده الشعري بخيال الراغب، وجد أنَّ كتابته صفير صراصير في مجاري مدينة مهجورة. يتطابق هذا وقول دريدا في أحد حوارته بأنَّ شعر آرتو لا يُقرأ بمعزل عن سماع صوته، بمعنى أنَّ عالمه الشعري هو تدوين لرنّة الوجود في الجسد، فالشعر لديه عبور من الجسد إلى الجسد، أي من الموت إلى تخيّله، مُحدِثاً بذلك جلبةً وصريراً في المداومة على فتح باب اللعنة وغلقه ثم فتحه من جديد.

وهكذا يمضي نحو اللا قول. هذه الإشارات ومثيلاتها تؤكد مزاعم دولوز بأنَّ آرتو هو الأنموذج الخالص لأوديب المضاد، فكما نَبّهنا صاحب أوديب مضاداً أنَّ «أوديب هو فعلاً أديباً قبل أن يكون تحليلياً نفسياً، سيكون ثمة دائماً بروتون ضدَّ آرتو»، وأنَّ لعنته هي استنفار داخلي ضد الإجماع، ما أدى به إلى أن يغدو شجرة ملعونة في غابات الليل. فكم بغضته أشجارها ليس لشيء سوى أنَّه أثار الشكوك حول حقيقة خصوبة تربة بريتون الآلية؛ فهو يرى بأنَّ «الكتابة قذرة كلها، وقذرون هم اولئك الذين يغامرون في تدوين كل ما يمر في أذهانهم على وفق عبارات دقيقة رصينة»، فكُتبت ضده البيانات، وشُتِمَ في القصائد والتظاهرات الأدبية والفنية، فحدث معه ما حدث مع معلمه فان غوغ، فقد سيقت بحقِّه الكثير من التهم وآخرها بأنَّ آرتو لا يؤخذ برأيه لأنه مجنون. لكن أيُّ جنون هذا النازح من رأس الكون إلى جمجمة الجحيم المأهولة بشراسة

اللهب في مجابهة المشاع الإبداعي.

وقد ردّ آرتو على هذه الآراء المأزومة في كتابه «منحور المجتمع»، بحسب ترجمة الشاعر صلاح ستيتية وليس كما تُرجم من قبل الشاعر عيسى مخلوف، بأنَّ «الذي خرج عن السياق الطبيعي ليس هو الإنسان بل العالم». كذلك يرى أنَّ فان غوغ مات منتحراً؛ لأنَّ جوقة الوعي الكامل لم يعد في استطاعتها أن تتحمله. بهذا يدحض تقوّلات الآخرين بأنَّ الجنون هو مزحة حياتية كما حدث للملك لير. أما اهتمامه بفان غوغ فمتأتٍ من انسجام باطني وفكري في آن، فـ«الرسم بالنسبة له ليس فقط تمثيل شيء مع مميزات، ولكن أيضاً لإخضاع اللسان نفسه لنوع من الزلازل» دريدا.

إذن، في «منحور المجتمع» لم يكن يتبنى الدفاع عن كائن سُحق وانتهى به الأمر إلى المصحات ثم الموت منتحراً، إنما أراد من وراء تأليفه للكتاب أن يقول بأنّه قد انتحر بعد أن وصل لقناعة أبدية أنَّ «الفنان الذي لم يصغ إلى قلب الإنسان، الفنان الذي يجهل أنه كبش المحرقة، أن واجبه أن يجذب كالمغناطيس، أن يستميل، أن يُسقط على كتفه غضب الزمان الشارد ليحرّره من الشعور بالضيق النفسيّ.

ومن لا يكون كذلك ليس فنّاناً». وكما ينوّه مترجم الكتاب الشاعر عيسى مخلوف في مقدمته بأنَّ كتاب آرتو عن فان غوغ ليس كتاباً، بل عاصفة تتحفّز في كتاب يحرّكها الألم وما هو أبعد من الألم. «ولا شيء أصعب في الأدب من ممارسة الألم»، بحسب هوبير سيلبي الروائي الأميركي الذي كتب جل مؤلفاته تحت هيمنة وجموح الكحول والمخدرات، وتلامس حياته عالم آرتو الأدبي والفني الذي كان يعتقد بأنَّ نفور الناس من مسرحه مبرّرهُ الخوف من رؤية حقيقتهم، ويُقارب هذا قول سيلبي: «أخافت كتبي الناس؛ لأنَّهم وجدوا فيها جثثهم».

فإن أمعنا النظر في هذه الملامسات نخلص إلى أنَّ جمجمة آرتو سديم في سماء الخيالات الضالّة، أو هي قفص حبس فيه دماغ راسكولنيكوف الراصد لفكرة الجحيم الكوني، ذاك الذي يتحاشى الإنسان التعرّف عليه «لأنَّ لا مجاعة ولا وباء ولا زلزال ولا حرب ولا شيء يقلب جوهر الهواء ويقصف وجه القدر الغاضب الجامح والمصير العُصابيّ للأشياء كلوحة لفان غوغ».

عند التفتيش بتدبّر وإنعام نظر في دواليب حياة آرتو ندرك بأنَّ الجنون عقل شبق، هو كما الموت حياة شبقة، سرٌّ في أطراف الوجه النابت في مرايا العدم، ينتثرُ في ريح الليل كي يؤمّن العبور إلى نهار مجهول بسيولة سريان الصعقة في جسد الكون.

✻✻✻

معبد صلاح ستيتية

«الشعرُ حجرٌ ملثمٌ بنار شَعيرة موت ديونيزوس».

- إنجيل مِيخا

يتوهّج الشعر بموته الممتد من عجز اللغة إلى إعجاب الجسد بفطنة تنفُّسِه، في لحظة «اندماج مع البرق» فليب سولرس، وهاته الصورة هي المثال الأسمى لأسطورة نص وقصيد صلاح ستيتية، فعند قراءة مؤلَّفاتِه نكتشف بأنَّه يرى في الشعر موقف من بواعث اللغة بما تفرض على الوجود من اشتباك ألسنيّ، ما جعله يُراهن على الإقامة في الكلمة لا في الجغرافيات، مُبعداً بذلك عن تجربته الإيقاع الأرومي، لأنَّه يهجس في الكلمة احتفال أوقيانوسي، حيث تموجات الصنيع الشعري هي من تحدّد الحضور من عدمه.

«حمامة تحرق تشكّل

دموع في خيانتها الصافية

مرصّعة جدي منظر به يحفظ الزمن

تحت لهيب لبلاب غضّ التشكّل

هو الغيم في نواة النواة: هو

يشعّ، وهي الشجرة في نواة الشجرة

تهب قليلاً من اسمها إلى من يُفكّر

محتفظةً به حسب ميثاق الشفافية».

هل يمكن الحديث عن عالم ستيتية الشعري من دون استغوار عوالم فتوحاته الخيالية، فجملته الشعرية تُلوّح بتفطن روحاني وثقافي راكمه الشاعر بتوهجات شملت معرفته في اللغة، والتصوف، والفن، والعلوم الإسلامية، فكان يرى بأنَّ مهمة الشعر تكمن في استغوار زمكاني للإنسان، ثم التفكير به بفردية خيال كوسموبوليتاني حدوده الكلمة وما يُقيم فيها من تعاضد حواسي، يُحرض الكلمة على قطع صلتها بالعقل في تمتينها العلاقة مع الأشياء قبل الإنسان، وهذا الأخير ينبغي التعرّف عليه من خلال ما يُفرز في حضوره. والكلمة الأثر هي من تمنح الإنسان فرصة أن يكون ابناً للجسور، الجملة الثاقبة التي اتخذ منها ميشيل سير مفتتحاً لمؤلَّفه عن الجسور وعميق علاقتها بالإنسان، ويظهر أنَّ يقين ستيتية في قوله بأنَّ الإنسان ابنٌ للكلمة هي بمثابة تحالف سري مع اللغز السحري للكلمات، وليس هناك جسر أبدي للشاعر سوى كلمته المتعالية والمُتعالِمِة بثقافة الآخر، ومدى جديتها في الاقتسام الحواسي مع الوجود بسواكنه المأهولة بالشعري، وما اقترابه من الشجرة، والطاولة، والنافذة، إلا لاستخراج جسارتها الحواسية، التي ستمكنها من الغور في جسد العالم. «فالإلهام يأتي من وعي الشاعر لأشياء كامنة في سرّ الإنسان، وإن كان ذلك الوعي مرتبطاً بالفعل

الباطني، وهناك نعاس داخل نعاس، وهناك ربما يقظة داخل اليقظة، أو حلم داخل الحلم».

على حين أن الطفلة حول موائد الموت

تُجالس قرود الفكر

بين ورد شاعر في هذا اللغز.

سترى في طراوة النار

أظهر فجائية من الشجرة الخضراء

التي قيل عنها إنَّها من ليلٍ وفيّ

هي فوقها تصبح شجرة إيزيس القاتلة

وسلام منها إلى غابات النوم العابر.

لا يقف حضور الخيال في تجربة صلاح ستيتية عند حدود مغامرة امتلاكه لسان الأفعى المولد لفرانكفونية الكلمة، بل نجده قد ذهب إلى أقصى المستحيل الشعري، في تبنيه لذة التورُّط بالكلمة بوصفها مُشكلاً وجودياً، ووعاءً حواسياً في آن واحد؛ لأنه يرى في توظيف الكلمة شعرياً محاولة في تحريض اللغة على التهام نفسها، إذ ليس ثمة صنيع شعري ناصع الجسارة من دون امتلاك الشاعر بئراً حواسّياً يغترف منه مياه التخييل اللانهائي، وهذا عينه ما لمسه ستيتية في المدوَّنة الصوفية، بما تكتنز من ثراء لغوي استمد منه الشاعر كسموبوليتانية الكلمة المتوهجة بكلية الفراغ، فلا يقين سوى لحيوية الحاسة وهي في دوران دائم حول الآخر المتعدد.

عندما يبلغ الشعر مرتبة الاستثناء الأصيل للصمت، تنحسر خيارات اللغة في مواجهة عجزها بضرورة امتلاكها ضراوة خيال عابر للأرومات، ما يدفع الكلمة إلى النزوح من العقل إلى فضاء الحاسّة، أي من خرائط التفكير إلى خرائط المحسوس الاستشرافي، وهذا الأخير هو أطلس اللانهائي، ذلك لأنَّ الفوز بالصمت الأصيل شعرياً يعني أنَّ الكلمة في طور تشييد جسورها الخيالية مع العالم.

إنَّ ما يميز تجربة صلاح ستيتية عن باقي شعراء جيله من العرب، وعلى رأسهم منافسه أدونيس، أنه لم يُذكر أنه قد تأثَّر يوماً بصراع الأشكال الشعرية، أو أنساق وراء تلك الانفعالات المستوردة، ومعمعانها الشكلاني، كالسريالية، والتكعيبية، والدادائية، بل العكس من ذلك تماماً، كان منشغلاً بضرورة تكثيف الجهد التأملي في العالم، لأجل الوصول إلى لحظة الفوز بصنيع شعري يتمتع بالتنافذ، المزية المتفردة التي لا يبلغها سوى شعراء الصمت الخيالي، ولا شك في أنَّها الحالة التي يصير فيها الهواء حبراً لتدوين الأحياز المرصودة بعين العدم، فشاعر مثل صلاح ستيتية لا يكتب، إنما يُدوّن بتنفّس حركات وجوده وهو يمرق من بين الشيء وظلّه.

في كتابه «قراءة امرأة» ينصب جهد الشاعر على الإقامة خيالياً بين أُنثيين، هما: أنثى الجسد بما تكتنز من جمال وعاطفة، وأنثى الخيال وهي اللغة التي لا يكف الشاعر عن مغازلتها ومداعبتها تراثياً وحداثياً، إنَّ إقامته بين هذين الكونين، إن هي إلا محاولة في قراءة اللذة طرسياً، وقد نحار في الاسترسال في قراءة النص متسائلين، ما يكتب عمَّا، اللغة أم الجسد؟ وما يرسم حدود ما، الفراغ أم سؤال صمته؟ ذلك الكون المتعذر احتواؤه إلا بكلمة تمجد احتضارها في الآخر ليحيَا معاً من جديد، وكأنهما في تبادل اثنيني لواحدية منشطرة،

فالحب هو انشطار كريستالي في العتمة البيضاء التي لا تحضر عوالمها إلا في حالتي الحب والاحتضار.

«... ونلملم، نحتوي خلافاتنا، كما أنت، ياهيلانة، في ضياع جسدك، فأنا أيضاً، في حزن نَفَسي المعادة إلى طبيعتها المستوحدة، أرصد، بعين الفكر، النقطة اللاّغية.

نعم لنتزوّج أخيراً: سينبثق في رأسينا المتعبين منطق ألطف من العشب الغضّ. وإذا كنت أذكر ألمي، فذلك بالمقاربة والإسناد. وهكذا في الواقع فإن الطفل الذي لم أنجح في إعطائك إيّاه، هذا الابن الذي أتيت، أيّتها الساقطة، تتوسلينه من شهوة بازيل، وهذا الأخير ما زال شاحباً وعاجزاً، ويداه ترتجفان ليكن أخيراً بيننا، حلاً للخلاف المستشري، هذا الجسد الكلامي...

تقذف هيلانة، ذات الكتف الغيبي والملتهب، تقذف باحتقار ماركوس أوريليوس اللاهث بآلاف الأشياء المجنونة».

بهذا المعنى يمضي الشعر نحو اقتسام زمنه الغامض مع غموض البياض، ذلك اللون الذي، ولجهل منا بإيقاع مقامه السري، اعتقدنا أنَّه لا يشير إلى غير الوضوح، لكننا عند الإمعان في سرانية حضوره، تتكشف لنا حقيقة لون الصمت الشعري، وأعني ذلك الظلام المُكثّف، فإن فتحنا تحديقة الخيال شعرياً على ما في جوف الكلمة من أشباح، فسوف لا نرى سوى قداس يبذرون همهماتهم في رأس اللهب المحمول بيد بياض الوجه المحتضر وجداً إيروسياً أو موتاً حَجرياً، إذ في كلا الظرفين تنسحب الألوان جميعاً من الوجه، فاسحةً المجال للون الغموض كي يقيم هناك في ذلك الوجه، وليس ثمة حالة بمقدورها أن تُشفّر ذلك المشهد سوى كتابة الشعر.

وإنَّ نداء البياض الشعري ليس كباقي النداءات يُسمع بالأُذن، إنما يُسمع بالأشياء في الحاسَّة، إذن، هو يَنشط في طاقته على إبهار الوسيط الحسي، وأنَّ معسكر الألوان جميعها ينطلق من هذا الفهم عند اصطدامها بالعالم؛ ذلك أنَّ للون الأبيض مزية شعرية خاصة، أضفت عليه طابع الغموض. وربما يتساءل اللون الأبيض نفسه عن مدى إمكانية تفرده بمس العصب الحسّاس لأسطورة الشعر الكامنة فيه، ففي ظني أننا من المستحيل أن نصطاد تلك الوخزة البرقية؛ لكونها متواجدة خارج ما نتوقع، وما نتصور، وفي ضوء هذا يكون الشعر هو ذلك المنعكس في نظرة الميت الأخيرة وجهاً للمستقبل، لأنَّ الشعر في مقدمة ضروب الإبداع الأخرى يولد حين يموت. إنَّه صمت كامن في طيش البرق الممزَّق كلمةً لا مقولة، وهي تنتظر أن تنهي إقامة نعاسها، لثغةَ غريب في لسان الذكاء، لتنطلق نحو الآخر، نحو اللاشيء، نحو اللازمن، نحو تأبيدها على يد الفجيعة الذاتية، مصافحةً إيّاها بفورية الرعدة المستغورة لسؤال الشعر دون انقطاع، وبلا تواطؤ حواسي مع العقل. فنفاجأ بومضة تلوح من بعيد، فتغدو قراءتنا للشعر أشبه بـ(اشتعال زهرة بنظرة مغتصبة).

تختلف كتابة الشعر عن باقي الأجناس الأدبية الأخرى، ففي الرواية، والقصة، واليوميات، يشترط وجود نسبة من التطابق الخيالي بالواقعي، وهذا ما لا يستسيغه الشعر أبداً، لأنَّه لا يعتمد على النسج الثيماتي الواحد، إنما على قدرة الخيال في عدم تدجين بروق الحواس، بل الاجتهاد المضاعف على جعلها أكثر فورية؛ فحرية البرق هي مشابهة لما تطمح إليه الكلمة عندما تنزوي في ركنها اللامرئي الخاص الذي لا يتيحه لها سوى الشعر، الذي هو تفقّه حواسي بالوجود، بل هو تساكن ممتص لحركة السكون المنفي في الجسد، المقام الذي تتفتح به زهرة الفاجعة بالقول الفعل، في عملية أشبه ما تكون بتفريع للهائل

المتشعّب بالصمت، الانخطافة المأهولة بصرخة مونش، تلك التي دفعت ريلكه لأن يهتف في ليل مراياه: «أراكِ أيّتها الوردة كتاباً منفرجاً». وهي الصرخة ذاتها الواشمة لكلمات صلاح ستيتية، في تتبع عدمه في «هيلانة» المرأة اللغة التي مكّنت الشاعر من كتابة ما لا يُكتب، ربما هي احتفاء شبحي (بنادجا) التي أرّقت أندريه بروتون، فلا تماثيل هناك، ولا تنهد فالت من قبور تتشاءب ذاكرتها، وغالبا ما نلمح فيها روح (أنّا) المحفورة بموتها في وجود برنار نويل قبل لغته.

في كتاب «في بواعث الشعر وعبثه» يضعنا الشاعر بمواجهة مفتوحة مع الأثر المؤثر، وظِلالها الملقاة على صنيعه الشعري، فيعرّفنا بمرجعياته الثقافية، والفكرية، وأسلافه من شعراء راكم بقراءتهم حساسيات شعرية ناصعة، وتأملات مهمة في الأطياف الإنسانية التي لا يقدر غير الشعر على التعريف بها، ما يجعلنا نكتشف بأن الشعر الستيتي هو فتح لمطويات الأثر الإنساني، فالشاعر من وجهة نظره «هو ذاك الباحث عن معرفةٍ في غياهب الإدراك، كمن يحفر الأرض بأصابعه تقفياً لمعالم وآثار لا تكشف سرها لمن لا يحمل لها عشقاً صادقاً مقداماً، بل أجدني ميالاً إلى القول: أهمية مجموع لا وعي البشر المتراكم، الذي يمثل الشاعر، لكونه وسيطاً لا متنبياً، وملهماً دون أُبهة». ههنا نرى بأن القصائد بالنسبة إليه هي نصب مخيمات قلق، يسكنها حينما يصبح نزوح الكلمة من المشاع إلى المتعالي أمراً حتمياً.

يمكننا تسمية شعر صلاح ستيتية بحرائق أعراس الكريستال، حيث الاختفاء والبروز وجهان لزمن واحد، لتخييل واحد، لمعصية حواسية وفكرية في آن واحد، بل هو خاتم جيجيس راعي الماشية في جمهورية عدو الشعراء أفلاطون.

والقصيدة هي «احتراق المظاهر» كما يَصفها الشاعر في نصه النثري التنظيري «بواعث الشعر وعبثه» المكتوب بمداد مياهٍ نارية، وفي مقام آخر يصف نفسه

بأنَّه «رام أعمى». وكأنَّه في اقتسام بصائري مع سلفه المعري. فأيَّ سهام يا تُرى بإمكانها أن تنطلق من قوس العدم إلى ألواح الوجود، من دون تلميح من البصر المشدود إلى عدمه قبل وجوده، ومن المحو قبل الكتابة، إذ الشاعر عرَّاف الظلام، ومؤبد دياميسه القصوى، وهذه سمات أساسية في شعرية ستيتية، لذلك ينبغي على قراء منجزه الشعري أن يتدرعوا بسؤال الوجود قبل الشروع في تصفح أطراسه.

ولعلَّ شهادة الشاعر ميشيل دوغي بحق ستيتية، التي ذكرها الأخير في كتابه «ابن الكلمة» أنَّه «مبدع سيولة» تؤكد أنَّ مقاربة عوالمه الشعرية، مجازفة كبرى، ولا تتم دونما التمغنط مع الفراغ الروحاني الذي يملأ الكلمة، فهو من طينة مبدعي القلق وقرناء لا طمأنينته، أمثال: نيرفال، وفلوبير، وابن عربي، وايف بونفوا، وبودلير، ملهمون تعاملوا مع الشعر بوصفه «نوعاً من فخ أبيض يُنصب لالتقاط ذلك اللغز الذي هو أسود»، كأنَّه وجوه موديلياني المنشطرة على جحيمها وهي تحدق بذلك المتساقط من حدقتي خالقها على قماشة الزمن.

❋❋❋

جحيم بريل

الموتُ مرحٌ وجهيٌّ
أكلَ هيأته بتعاويذ ظلال إيثاكا
إبحارٌ أدمنهُ جاك بريل
حينما أحسَ بأنَّ وجهه عوليساً حجرياً
تناهبت أطراس الموج ملامحه.

أيمكن اقتراح وجهٍ إلهي للغناء، واكتشاف جزر الموت بترويض تحديقة الظلمة المحفَّزة بمناومة الرخام للحياة في تمثال مُترجل على أرضية الوجود بالعدم، وعن أي تراسل تحدث الحجر في مقام الانقلاب عن عبقرية الصمت الكامنة في حنجرة كلّما سعت لترميم الجسد بالمباهج انطلق بها الموت مغنياً جدارته في ترسيم تخوم جثة لطالما سعى يونسكو إلى إخراجها من بيته الوجودي بنص أميديه لكنه فشل، فبات يرى بأنَّ التوسُّع معها هو مواجهة لذلك الشبح الذي أرق برغمان كثيراً في الختم السابع.

الله (إلى جاك بريل): لماذا قتلت وجهي؟

بريل: لم أفعل ذلك.

الله: بل فعلت، لكنك كعادتِكَ حريفٌ في إخفاء الجريمة.

بريل: ما دليلك؟

الله (مشيراً إلى تمثال موسى لمايكل أنجلو): أنظر إلى وجهي كيف
بدا ناقصاً

بريل: وما شأني بذلك.

الله: بل أنت المسؤول، فمنذ ولدت ووجهي يتناقص.

ها هو ذا وجه مغني الأغوار في جسد الحجر، يُنازل بمباهج شحوبه تجار
التجاعيد المقترضة من واجهات وبائية تسرد انهدام الشمس فوق ثياب عادت
من أعيادها ملتاثة بحكايات مرطوبة بمشاهد ابتناء النمل جنّته في لحم الأضلاع،
إذ هو كما الأسود يتعقّب مواضع اللحم الخالص، إنه وجه جاك بريل ذاك الفنان
الكانيبالي لجسده بتعاويذ وجه استعار من الحجر مراياه، وعندما واجه عالمه رمى
المرآة بحنجرة موته، فولد وجهه من حطام زجاج وحشةٍ. مُذاك وهو يحسب
وجهه حفرة الله آخذة في التآكل والانثلام الحوافي.

كل أغنية لجاك بريل هي « تنديد روحاني » بمقتل وجه، وتعميم فضيحة
الصوت السماوي الموجّه لأقوام جهلت طفولة الحجر في قتلها الشمس، فهل
جاء ليُسمعنا دوخة المرايا عبر حنجرة تخارجها انسحاب نحو تعظيم هوس
في تحنيط الحياة وتسمرها بين حفرتين غائرتين في وجه لا تفك شفرته إلا في

بلوغ أسرارِ قِصرِ قامة تولوز لوتريك، وسرّ تعبئته الخمر في عكازة تعود لعرافة غادرت الحياة لحظة ولد.

عندما ولد جاك بريل انكسرت بيضة غربان مكبث على حجر الصمت، إنَّها لحظة العربدة وشرب الخمر بجماجم البغال، وفك طلاسم انطواء الكتابة واعتزالها في مدارج الزمن الماكر، في ذلك اليوم انتفض الموتى من قبورهم موحدين قواهم على ضرورة ترويض الحياة لاستقبال رسول وجه جاك بريل إلى البشرية غريغور سامسا. وحدث أن حصلت مشاجرة بين الإله وكافكا، وإلى الآن لم يُعرف أين ذهب بهما الصراع على أحقية أبوة ذلك المسخ.

لماذا كلما سمعت أغنية لجاك بريل شعرت كأنَّ كفَّ ساحرات ماكبث قد دُفن في وجهي، وما علاقة جاك بريل بوجه ملحوس بتجاعيد اختارها الحجر محجَّاً لعزلته؟ أيكون السبب تخلياً عرضياً عن راديكالية الحجر؛ قبل هروب الهواء من جسد التجربة، التي هي فعل ليثوغرافي حيث الحضور والغياب حاضراً؟

إنَّ التحديق في وجه جاك بريل استئثار بطفولة موت أكلته تلك الحفرة الغائرة في روح جان جينيه وهو يرسم منظراً مفترضاً لجنازته، بل هو استنبات لكآبة سيوران في تربة الفرح المغشوش الآتي من الجسد إلى موته، من الحواس إلى لحظة انطوائها في عقيق الرغبة المُخمَّر في آنية عسل الخرافة، ذاك الذي لا يعرف مذاقه سوى الله الذي هو فنان غائب الوجه بالمقام الخفي للألوهة، وإنَّ تمسك الإله بالمخلوق الوجهي جاء ربما من ضرورة تغليب الحسي الإنساني على الجمالي، لأنَّ «الوجه موطن الحواس ومركز الهوية المرئية للكائن، وهو سبيل الكائنات للتواصل إلى درجة أنه صار يُختزل بشكل مقدس طبيعة الإنسان» فريد الزاهي.

كان ينظر للحب بعيون الموتى، يتمدد معه فوق رمال الفعل، بين ارتعاش وآخر يفقد عضواً جديداً من جسده، وزمناً من ذاكرته، كان يتناقص بكثافة

الغمر في روح الآخر، لا يستمرئ سوى كسوف روحه التي ألهمت الأرواح قبل أجيال الشعراء والفنانين، وإن كان ثمة ذنب لديه فيكمن في عدم خروجه من وجهه، وإن اضطر لفعل ذلك، فإنه لا يختار سوى الحجر نُزلاً، إذ وحده من يعلم كيف يقيم الوجه في حجر، أفي ذلك سرّ أم هي رغبة استحصال موافقة الموتى للنوم بينهم؟ وهل غير الوجه الحجري يصلح سريراً لأطياف المسنين أولئك الذين تهجى طواويس حدباتهم، وارتقى بهم من العجز إلى الحب في قصيدة تشعر عندما تقرأها أنها وصية الإله للزمن.

المسنّون لا يتكلمون

أو فقط أحياناً بطرف أعينهم،

المسنّون فُقراءُ وإن كانوا أثرياء

لم تعد لديهم أوهام،

وقلوبهم تكفي لاثنين.

بيوتهم تعبق بالزعتر والنظافة والخزامى

واللغةِ القديمة،

وباريس نفسها تصبح بلدة صغيرة لمن عاش طويلاً.

ألأنهم ضحكوا كثيراً، تصدّع صوتهم

كلّما تحدثوا عن أمْسِهم؟

أم لأنهم بكوا كثيراً،

ما زالت دموع تتلألأ في جفونهم؟

وإذا ارتجفوا قليلاً،

ألأنهم شاهدوا الساعة، في الصالون، تهرِم،

الساعة الفضية التي تهِرّ وتقول نعم، تقول لا،

ثم تقول: أنا في انتظاركم؟

المسنّون لا يحلمون

كتبُهم تغفو

وأدواتُ عزفهم مغلقة

القط الصغير مات،

و خمرُ الأحد الحلوُ ما عاد يطربهم.

المسنّون لا يتحرّكون

حركاتُهم مثقلةٌ بالتجاعيد

وعالمُهم يصغر كل يوم،

من السّرير الى النافذة،

ثم من السّرير الى الكرسيّ،

ثم من السّرير الى السّرير.

وإن خرجوا يوماً، ذراعاً في ذراع،

بأثوابهم الجامدة

فلكي يتبعوا، تحت الشمس،

جنازةَ عجوزٍ أكبر،

ليحضروا دفن امرأة أبشع .

ومدّةَ نحيبٍ،

ينسون لساعة بأكملها،

الساعة الفضية التي تهِرّ في الصالون

فتقول نعم، وتقول لا،

ثم تنتظرهم .

المسنّون لا يموتون،

يغفون يوماً، ثم ينامون طويلاً،

المسنّون يشدّون على أيدي بعضهم

ويخافون أن يضيعوا

ومع ذلك يضيعون.

ويظلّ الآخرُ، هنا، الأفضلُ أو الأسوأُ،

اللطيفُ أو العنيف

هذا لا يهم

من يبقى منهما يلقى الجحيم.

سترونَه ربما، سترونها أحياناً

تحت المطر والأسى

تعبُر الحاضَر معتذرة ربما

لأنها لم ترحل بعدُ بعيداً

هاربةً أمامكم، للمرة الأخيرة،

من الساعة الفضية التي تهِرّ في الصالون

فتقول نعم، وتقول لا،

ثم تقول: أنا بانتظارك،

الساعة التي تهِرّ في الصالون،

فتقول نعم، وتقول لا،

ثمّ تنتظرنا. (14)

هناك من يقول أنَّ الوجوه كتب، إذن، هي بحاجة لقارئ مرآوي يُباطن لذة فعل القراءة بتعمّد خدش المرآة قبل الشروع في تلقائية النزول فيها، فمن يعجز عن خرمشة المرايا بملامح الموت، مما لا شكَّ فيه، سيفشل في قراءة وجهه، ويدوم تدحرجه السيزيفي، وفي ذلك هرولة من الصمت إلى تعظيمه الروحاني، فمن لا ينشغل بصوت وجهه لا يقرأ سرّ إقامة الحجر في عينيه. بيد أنَّ الوجوه التي اختارها الإله لتحتضن حفرته تَقرأ قبل أن تُقرأ. وها هو جاك بريل قد برع في قراءة وجه الحياة وفهم لغز تحجرها، بعد ذلك قرر أن يعرض وجهه لعرَّافي الأطراس، لِيُريهم تقرحات أقدام رامبو الهائم في صحراء الحبشة، وتلك الملاءة التي غطت وجه جثة أنطونان آرتو.

إنَّ جاك بريل ليس وجهاً فحسب، إنما هو ثقب باربوس ذاك الذي منحه

____

(14) القصيدة ترجمة حذام الودغيري.

حدة الرؤية وحياديتها في مراقبته للعالم.

الوجه مؤلف مرآوي، يقرأ ويكتب في آن واحد، هذا متأتٍ من اعتماد المحو الطرسي، وقد سعى بورخيس في مجمل كتابته لأنَّ يكون سارداً وجهياً يلتف بكتابته حول وجهه بكرنفالية ما بداخله من وجوه اجتمعت في مرآة مرحه مع الكتابة، في نوع من استغماية وجهية يحتاج لاعبوها إلى امتلاكهم تخابث العبور المرآوي.

*****

شيرين نشأت وأزمة الجسد الإيراني

إنَّ استدعاء كاميرا شيرين نشأت إلى طاولة السؤال سوف يُشرع لنا أبواباً متعددة، تُسهِل بفتحها محاكاة الآخر، والاطلاع على خفاياه الملتبسة على وفق ما شُرع له من قِبل السلطة، ولكونها محاصرة جسدياً بحكم ما تفترضه سياسة بلدها، فقد سعت إلى تحطيم سلاسل الانعزال عن العالم جسدها المصوَّر، ليفصح بما خُبئ فيه من عُقد مُستحدثة. فما عرفناه عن إيران ما قبل الثورة أنها كانت جسدية بامتياز، وما دمنا بصدد رصد التحول الزمني، يبدو لي أنها أرادت غسل الجسد الإيراني واستعراضه على حبل غسيل عالمي، وهذا لا يتحقق إلّا بالفن وحده.

إنَّ نزوع نشأت نحو الكاميرا في تشخيصها للمحنة، انطلق من رغبتها في إذابة جليد اللغة، وضرورة اعتماد لغة عالمية يَقصص بها الجسد حكايته المُرّة، وأحلامه المُكبلة بتعنت يُمارس تحت عباءة الشريعة، ههنا يحضر الهاجس الهوياتي بكل تناقضاته، فإيران بما تحمل من ثقافات متنوعة أُجبرت في الآونة الأخيرة على إقصاء جسدها، وتسفيره خارج حدود وظيفته، ففرض الشادور ومنع لبس غير المحتشم إعلان صريح باستهداف الجسد، إذ إنَّ حرية اختيار الملبس

هي الجسر الواصل بين ضفتي الإنسان وجسده، وفي الوقت عينه يمثل إنتاجاً ثقافياً بصرياً يضمن للذات استقطاب الشريك الكوني، فكل ثقافة هي خطاب جسدي صريح، بل إنَّ الثقافة بمجملها هي تخطيب للجسد، وهو ما بيَّنته الدراسات الأنثروبولوجية.

في ضوء هذا يمكننا القول بأنَّ كل خطاب ثقافي هو اجتراح جسد مغاير، همه الوحيد كيفية انفتاح كينونته المعزولة، وهدم شمولية التحقير المستمر المراد منها عزل الإنسان عن مجتمعه، والجسد كلما قُيِّد أكثر فقَد مشروعه الاجتماعي؛ فحتى المواطَنة لا تتحقَّق دونما جسد، «فالمجتمع ينبثق من الجسد، ومقيد بالجسد الذي يتشكل بدوره بواقعيات الطبيعة الثانية» كرس شلنج، وأيّ اشتغال على الجسد هو تحريك راكد اجتماعي، لكن في ذلك يلزمنا خيال قادر على أن يُشرع أبوابه على العالم، هذا ما أشار إليه الباحث إبراهيم محمود من أن «صوغ الجسد يحتاج إلى جهود تتجاوز صائغه، أو المتحدث باسمه، إنَّه الدخول في جسد الآخر».

إنَّ الصعود اللافت الذي حقَّقه الجسد حرَّض الأنظمة البوليسية على ضرورة الحد من ثقافته، لإيمانهم بشحناته السحرية وقدرتها على زعزعة الجسدية السياسية، وهنا نشأت علاقة مباشرة معه، إما ضمان حميميته أو تحقيره وإذلاله في الحجز والتعذيب. هذا ما استقرأه ميشيل فوكو في كتابه «المراقبة والمعاقبة»، وفي إنعامنا النظر في الطرح الفوكوي نتوصل إلى أنَّ السجن هو مكان تمحيصي، الغاية من وجوده في حياتنا فلْتَرة الجسد وتخليصه من طاقته الثورية.

وبلد مثل إيران يُقارب هذه النتيجة تماماً، فحرمان المواطن من حق التظاهر يُجمّد الجسد ويجعله مكبّلاً بخيبة طموحاته المهمشة، وهذا يشي بحقيقة مواجهة ما بين الجسد الشعبي وبين جسد المقدّس الحكومي، وأقصى ما تبتغيه سلطات القهر هو تأسيس جسد قطيعيّ تُحفظ بخنوعه هيبة الجسد السياسي، الذي يسعى

دائماً إلى التعتيم على النشاطات الجسدية المناهضة، من جراء استبعاد الإعلام الخارجي ومنعه من دخول البلد، إنَّه دليلٌ على خطورة الكاميرا وصدقها في تناولها قضايا الجسد.

ونجد في ما قدمته الباحثة المصرية مريم وحيد، في كتابها الموسوم «الجسد والسياسة» من قراءة مستفيضة في رصدها للثورة المصرية، ما يُعضّد هذه الرؤية في تحليلنا للدور الذي لعبته أجساد نشأت، والمتلقي الفطِن سيجد أنَّها سعت إلى حل عقدة لسان جسدها المُغيّب بالكاميرا، ليُجاهر بمصائبه بحرية تامة، وبذا تكون قد استهدفت يوتوبيا التشريع، ما يجعلها شريكة لفرنشيسكا ودمان في وقوفها بين حدّين خطيرين هما الجسد والكاميرا، وقفت نشأت متفحصة زوايا المأزق، ومكثَّفة من احتكاك جسدها في الكاميرا؛ لرغبتها في استماع العالم لرأيه، وليقول كلمته الراهنة، وكيف تسير الحياة معه.

ربما كان طموحها يكمن في المطالبة بعودة جسدها الحضاري، لكن بحلّة جديدة هذه المرة، فكل شيء في الوجود ينطلق من تراث ما يُرى، إلا الجسد؛ إذ يسعى قدر التمكن إلى الانطلاق مما يعرف، وهذه مزية فنية خالصة، يدفعنا نحوها إيكو في تناوله لمهمة الفنان المعاصر، وإنْ وسّعنا النظر بعين جمالية فاحصة سنجد أنَّ أهم فنان يملك ديمومة خلود هو الجسد، وأنَّ ما دأب عليه شعب الفراعنة من تحنيط للأجساد يؤكد عجز الموت عن تغييب قدرته، بل إنَّ الموت نفسه حاز على رمزية عالية بفضله؛ فمن دون الجسد يفقد الموت بعده الفني ويُحال إلى اللاشيء.

إنَّ للجسد طاقة فريدة في تأسيس حضوره على المستويات كافة، وفضل هذا يعود لما يمتلك من مؤهلات تضعه على المحك دائماً، وإنَّ أكثر ما يُدهش في الجسد هو امتلاكه حميمية جمالية، وهي بمثابة لاسلكي يضمن له الاتصال

والتواصل حتى مع المتنافر، فالقطيعة دلالة على خرس الجسد، إذ إنَّ الإنسان يبقى متواصلاً مع الآخرين بجسده حتى في موته، فزيارة قبور الأولياء تأكيد على شحنة الجسد وتأثيره في الموت، أما من يقول بطاقة روح الميت في إدامة التواصل، فإنما يسعى إلى تأميم الفكر الأفلاطوني بفكرة تلحيد الجسد على أنه قبر للروح. كل هذه دلائل تُشير إلى أهمية دور الجسد في تشكيل وعي الإنسان، حيث «إنَّ عملية تنظيم المجتمع ما هي إلا تنظيم للأجساد»، بحسب أحمد زايد.

وفي الانتقال إلى غاية السلطة من ترويض الجسد واكتساب تأييده تتبدى أمامنا حقيقة لا بدّ منها، وهي أنَّ شيرين نشأت عمدت إلى التركيز على الحضوري الأنوثي في أغلب أعمالها، وقد يبدو لي أنَّ السبب في ذلك أنَّها تُريد أن تطرح ما تقرهُ في دخيلتها بما يمتلكه الجسد الحوائي من طاقات خفية.

❋❋❋

إنَّهم يقتلون الرقص

«إنَّ الراقصات كنَّ يُقتلن كالبقّ في قاعة الاحتفالات وأن الناس كانوا يذهبون إلى هناك لا لرؤية سيقانهن ولا صدورهن، ولا لتأملهن كيف يرقصن أيضاً، وإنما ليروا كيف تسقط الراقصات ميتات على المسرح، وبذلك يستطيعون أن يقارنوا أيهن ماتت موتاً أفضل».

– موت الراقصات، انطونيو صولير/ 12

أيُّها الرقص لا تنس أبداً

أنَّكَ لسان

الإله في فم دون كيشوت.

في الجسد رقصٌ لموتاي العابرين من جسدهم إلى عقيقِ أصابع وعَّاظ اللَّذة في معبد المرايا، مكتبةٌ للحياة والعدم هو الجسد، هواءٌ مقروءٌ بتنفس الأطراس تُراثُها في المخطوطة الجسدية الأولى للوجود، تلك التي انكتبت بمباهج الموت

105

ومعاركه في معابد ديونيزوس. إذ الرقص هو فعل مدوّناتي لسريّة الزمن في أجسادنا، ومن ناحية معرفية هو مجهود متواصل في العمل على ضرورة تطويب الجسد، وإعادة مُلكيته للجسد، في انتزاعه من التوافقية الفكرية، والاكتفاء بالرجوع إلى مورفولوجيا الجسدنة في التعرّف على أحواله وأهواله. إنَّ الرقص نهاية لانحباس المعرفة في الجسد ودخولها في سُحاق اللانهائي، بل هو عزلة جسدية مأهولة بالوجود، وكتابة ما لا يُكتب إلاَّ بالوخز الحركي الرغبي، أي هو التخييل بالأثر، أثر اليد المفصولة عن موتها باقتران الحركة بالزمن، وهي تبذر ندوب وحدتها في بشرة الفراغ. وفي ضوء من هذا يصير الرقص علاجاً روحانياً وثقافياً لتنظيف الأجساد وإفراغها من قيوح الإجماع الاجتماعي واللاهوتي. فالرقص جسدٌ موخوزٌ بالرغبة، بتطعيم الزمن بسيولة الحركة الكاشفة عن السلوك المتحضر للجسد. إنَّه فنٌّ مائي. إنَّهُ ليلةُ افتتاح الجسد. أشبه ما يكون بعملية تلاقح الزهور، ولا وصولَ للحظة الأورجازم الحركي إلا بوجود بصّاصٍ حذق في قراءة رسائل الرقص المُشَّفرة.

عند النظر في أعمال (بينا باوش) نكتشف أنَّ الحركةَ الأُولى هي بمثابة كريسماس مائي للجسد، أو تحية هوائية للزمن، تدفعه لاصطياد ذبذبات الفعل الديونيزي الاحتجاجي، كأننا نشهد عرضاً إنسانياً لمهاراتٍ وفنون طائر القطرس في الانقضاض على صيده، إذ الرقص هو العرض المائي للجسد على الخشبة، بل هو الملاسنةُ السائلة لعالمٍ توّاق للخلاص من الجسد الهندسي، والدخول في الإيقاع الفلسفي للجسد.

عندما رقص زوربا اكتشفنا أنَّ الجسد حفرة ندفن فيها جثنا الزمكانية، الكتابة عنه تستدعي لحس الحجر المنبوذ، أو هي محاولة أخيرة لتطهّر الرب بزعفرانه الكئيب السائل من خصر رقّاصة العدم، عندئذ يقطف الإله زهرة

استدراكه الأوديسي القائل بأنَّ الرقص أنثنة للجسد وإن مارسه الذكور.

يُماكر الجسد الموت بالرقص، يستغور عُمقَه بفك وثاق العضلات، ونفخ الروح في صورته بمقتل الحركة بالسكون الغيبي الذي لا يُبلغ لوحه إلا بالرقص، فتشظى في الرقص، وثُقِبَ صفيح الرنّة الأخيرة للوجود بالرقص الذي هو عالم خاصيٌّ بالجسد، بأنَّة خوفه، وتفلّت كلمته من معاجم الملّة العاملة على ضرورة مَسجَدتِهِ لأجل تزييف صوته، لكن استحالة أن يحدث خلاف ما راهنت عليه الراقصة ماريثا جراهام «أنَّ الجسد لا يكذب أبداً»(15) وأن ما يُوسم به الجسد هو الموقف السقراطي الذاهب نحو البقاء الخلاصي، ولا ديمومة دونما عنف، وإن كان ثمة عرّاب لعنف الجسد، فمن دون شكّ هو الرقص.

في رقصة الفلامنكو يستمرئ الجسد حركته إلهاً مذبوحاً، حيث العرق يسيل وكأن الماء قد ولد للتو، إنَّه الخطف الشبحي الأسمى، المتنقل في الجرح بتفطن الدم إلى مصدره المائي بتساؤل اهتزاز الخصر البرزخي مع مايكل جاكسون إذ يقول «يعبِّر الوعي عن نفسه من خلال الخلق. العالم الذي نعيش فيه هو رقصة الخالق. يأتي الراقصون ويرحلون في طرفة عين، لكن الرقصة تبقى». يبدو أنَّ جاكسون تلمس نظافة موته في ما ذهب إليه، لكنه لم يُكاشفنا بشكل واسم تلك الرقصة التي ستبقى، أكان يقصد الإله بذلك؟

في معابد اللغة يتزاحم الكثير من راقصي الفكر، دريدا، فوكو، هايدغر، لفيناس، بارت... إلخ، فيها تجيء رقصة دولوز الفنائية غالقة باب مراقصه الفلسفية. كان دلولوز يرى في نفسه راقصاً فلسفياً بالجسد من خدوشه الوجودية إلى مفهومه الرغبي، حيث مداه «البين جسدي» فكانت الرغبة هي زيت الآلهة الذي يُحفِّز به جسدهُ قُبيل النزول إلى ركحِ المفاهيم، لكنَّه حين تناهشتهُ حَكَّة

---

(15) فريدريك موران، الجسد والأداء المسرحي ج2، تر:جمة: أ.د. منى صفوت/ 113.

الرقص الفلسفي باركها بقفزةٍ من النافذة، ربّما أراد أن يشربَ نخبَ سقراط في انتثار الجسد في الهواء برقصةٍ ستظل خالدةً ما بقي الجسد.

يكتب الرقص الجسدَ لا يُجبّرهُ، لعلمِه بأنَّ مسالك الفكر لا تُذل جهامة وجهها المتوعرة إلاّ بكتابة الجسد للجسد، بتفطين نفسه لأسراره، لبياضه المنطوي على طاقة تفوير عجيبة. فأجسادٌ بلا رقص هي أجساد بتراء، بل هي صقور مقطوعة الرأس. لنقرأ معا ما يراه روبرت ويلسون «كل ما أفعله يمكن أن يُنظر إليه بوصفهِ رقصاً». (16) وهذا يعني أنَّه ينظر إلى جسده بوصفه كوناً مائياً، وليس سوى الرقص قادر على تأكيد مائية الجسد، وبذا يكون الرقص محاولة في البحث عن الجسد المفقود داخل الجسد نفسه.

إنَّ لانصهار الجسد في الرقص علائقَ تواصلية صقرية عالية التفطن، هي ذات العلاقة التي أشار إليها أوكتافيو باث المتحصلة بين الإيروسية والشعر، وهذا (البيني) هو إعادة إنتاج للجسد والعالم. ذلك «لأنَّ الخاصية المميزة للرقص هي حقيقة أنَّه يروي قصته من خلال الوجود الحسي للأجساد أصبحت الآن تستطيع أن تصف واقعاً تحدده التقاليد الجسدية». (17)

في رأس الهواء، الجسدُ عضلة رأسية، تنبعثُ من الامّحاء، فاتحةً شهيةَ تشطيب حدود المسار الشمسي في مبادرةٍ نادرةٍ يرعاها بالرقص، يبتعدُ بها الجسدُ عن الجسد، ليلتقيا هنالك في مقامات الجسد الليلي المرتسمة عوالمه بالرقص. فنحن لا نرى جسداً يدور، بل دوراناً صرفاً، حركةً قد انفصلت عن الجسد تؤكد وجودها من خلال تكرار ذاتها، قوةً مركزية تُجرجر الجسد معها كي تطوّره على نحوٍ أفضل وتدفع به بعيداً ليهربَ خارج مجاله ومركز حركته.

---

(16) سيمون مراي جون كيف، المسارح الجسدية، ترجمة: أ.د. جمال عبد المقصود/ 72.

(17) يوخن شيميت نوربرت سيرفوس جرت فايجلت، المسرح الراقص، ترجمة: مركز اللغات والترجمة/ 31.

هل جرَّب أحدكم أن يقولَ لجسده «أنا رقَّاصك»، ماذا يأكل الجسد عند الإحماء للرقص، وفي أيِّ إناءٍ يتلقى طعامه؟ وحده زوربا من يعلم بذلك، فإن أردتَ أن تأكل جسدك فارقص حتى يسيل الإله من بين أصابعكِ، وإن أردتَ أن تُمسك بالتاريخ جيداً، لا تتخذ غير الجسد راويةً، إنَّه لسانُ الإله على أرض اللَّذة، أقواله عدمٌ وحياة، ثم إنَّ الرقص محجٌّ لعابد الخيالات، و«ضماناً لموته في نهاية المطاف» كريس شلنج. أيعني أننا نموت بالاتفاق مع أجسادنا على رقصة قادمة، أم أنَّ العدم هو أن نقترح كتابة جسدية موازية لرقصة موت أوغست سترندبيرغ؟

رقصك لسان جمالي فكري، مرّنه على اللباقةِ في محاكاة اللامتناهي بالرقص، فالمجتمعات تتكلم بأجسادِها. ولا خيال للجسد إلا بالرقص.

متى ولِد الرقص؟ قبل أن أُجيب عن هكذا سؤال إشكالي ينبغي عليَّ أن أستحضر روح الإيطالي بيرتولوتشي، مستجوباً إياها عن كيفية استكناه فضاء المحو الجسدي بالتفاف ماري شنايدر حول الزمن المتباطئ برغبة الضدين (براندو شنايدر) في تألّه الناري على إيقاع «رقصة التانغو الأخيرة» الذي هو من منظار رغبي، عتبةٌ للعبة تقاذف شُهب اللَّذة، والتخفي وراء مجرَّات الرقص الزعفراني، الذي لا تُسبر أغواره إلاَّ بخيالٍ راقص روائحي مثل غرنوي هُدهُد أخبار الرقص العطري في «رواية العطر» لباتريك زوسكيند، حامل فانوس أسفاره السردية في ليل الجسد الحامل لجدلية الإمتاع والمؤانسة، فهل كان التوحيدي راقصاً إمتاعياً في مرايا اللغة؟ وهل أنَّ تبنيه الرقص الفكري سبب في اتهامه بالزندقة؟ وماذا عن رقصة الجاحظ مع الحيوانات في مؤلَّفه الشهير؟ وكيف التهم اللغة بجسده في ليالي البيان؟

ولا تختلف كثيراً موضة الملابس عن الموضات الفكرية والفنية إلاَّ في كونها

رقصاً في وليمةٍ كونية على شرف الجسد، ومعها يكون العالم على شراهة تامة في تناول أجساد عصره، وإنَّ الجسد كائن في العالم كالقلبِ في الجهاز العضوي، ويمكننا القول مع ميرلوبونتي إنَّه «لا أثنينية بين الجسد والفكر، بل نحن فكرٌ متجسدن وكيانٌ في العالم». ولا يقوم أي تجسّد للفكرة إلا في الوجود الذاتي الملموس للجسد، فللذات مشاريعها الجسدية الخاصة بها تجاه عالم اللاوعي، أما العقل فوجود مسترفد من خوائه، حيث لا جسد لديه.

أنا أرقص، إذن، أنا أخٌ لجسدي، وأن الجسد لقيطٌ بلا رقص، إنَّه ابن الفعل، وأخ السكون، وأم الحواس؛ بهذا يهمس الرّداح في جسده وهو يطرد ظلَّه بانفعال الردفين واهتزازهما المحفِّز لانصعاق الخصر وجنونه.

الجسدُ إلهٌ أشقر، نراقصه يومياً على مرأى من الطبيعةِ والأشياء والكلمات، وهي تُشيع سرّ شذوذنا. هذا الإله الأشقر، كثيراً ما نُداعبه في غُرف الخيال، متحسرين على خلوةٍ معه، فهل فكرتم في تنقيب أجسادكم المسكينة بالرقص؟ ربما هي ترغب بكم، لكنها تخاف أن تعتبرونها شاذة إن فاتحتكم بذلك.

الكتابةُ تعتقل الجسد، الرقص يطلق سراحه، الموت في فينيسيا: مختبرٌ كبير أكاد أجزم أنَّني بفضل توماس مان تعرفت على أسرار الرقص في جسدي.

أيَّها الجسد احتج في وجه من يكتب عنك خارج اللغة وداخلها، ألست لغة لوحدك؟

البعد الثقافي للجسد يكمن في الإقرار بقوة الرقص، والاستحواذ على اللغة وتفتيت جلاميدها برقصة زرادشت، وما نيتشه إلا راقص في مذبح الحكمة.

الجسد كائن ثقافي وحياتي يتنامى بالرقص، ومع الرقص، وفي الرقص، وهذي المزية هي من دلائل رصانته الثقافية. أما جسد اللص فيرقص في الأشياء

المراد سرقتها، فليست السرقة لديه غاية، إنما هو يحاول بها استرجاع جسده أو تجميعه من جديد برقصٍ محظور. لهذا يجازف اللص في السماح لدمه بأن يسيل وراءه، لكنه لا يسمح لمسروقاته أن تستغل رقصته أو تعبث بها.

في السابق أطلق مايكل جاكسون شعاره المُدوي «موتي هو رقصي»؛ الآن يجب اقتراح بدائل تتماشى والخراب العولمي، حينها يجب على الممثل إشاعة مفهوم مُنقّى من محنة الفرد؛ لهذا أجد أنَّ عبارة «رقصي هو موتي» هي الأدقّ مقارنةً وما يشكله الجسد اليوم من انفجار علاميّ، وفي حال فُعلت عبارتنا، فسوف تكون مهمة الممثل هو أكل أجساد الآخرين بجسده الراقص، وهنا يكون العرض على مستوى عالٍ من الحسيّة والانصهار.

في مراقص الفكر تجيء الكتابة اعتداءً على مقامات جسد الآلهة الفكرية، فعند النظر في تجربة دريدا، نرى أنَّ رقصته لا تقل أهمية عن رقصة زرادشت، ذلك لأنَّ دريدا كان يرى أن قيمة الرقص الفلسفي تكمن في التعدي والتخطي لجسد الأسلاف.

وأنا أُراقص جسدي البارحة، طافني الحلاج قائلاً: أيعجبك الدخول فيه بشهوةٍ خجولة؟ فأومأت إليه بالقبول؛ ثمّ سألته عن موقف الإله من هذا الفعل، فردَّ الحلاج مبتسماً: لا عليك إنَّه يحب الذين يصلونه في أجسادهم، فَزِد من الرقص ولا تبخل عليه بذلك، ثم إنَّ روح كلمته تتمركز في (شدّة لامه) التي هي جسدك أيُّها الإنسان. وما نصيحة الحلاج هذه إلاَّ تعظيم للجسد، وتنظيفٌ له بالرقص من أدران المشاع، لإحراز مفاوز تضمن الارتباط الزمني للجسد، فليس هناك فناء في منظومة فكر المتصوّف، فالموت من وجهة نظره هي رقص وتنقية للجسد، في تحوّله إلى روح بمعنى هو ارتقاء بالناسوت إلى مضامين لاهوتية، وهذا مقارب لدعوة بول فاليري بأنَّ «المحبة هي أن تعرف

نفسك بنفسك جسدياً». ومعرفة الجسد بالنسبة للعارف هي الدوران في دائرة التأليه، ثم التلبس في المركز وإعلان مسامرته من أجل إنتاج جسد يجمع في صفاته العالمين.

***

الرقصُ هُدهُد جسده

كل الأجساد تختمر في افتضاحها، ترقص مداعبة عضّات الملائكة بين حدّي زُرقة الدم، فيما الكتابة في الجسد امتثالٌ لكوابيس الرائحة السائلة من أعلى المهابة إلى أسفلها، وعندما فكر الإله بضرورة تنظيف ملكوته بَذَرَ فكرة الرقص في الجسد، ليتخذ من الهز والردح مكنسةً يُزيح بها غائط وتنابلة الغيب وحكاياتهم.

لو تفحَّصنا أجسادَنا لرأينا أنّها عملةٌ نقدية في محفظة الحركة، وفي هذا إشارة إلى أنّ الرقص هو علمٌ لدُني ملكوته الجسد، فإن حاولنا تحريك جسد الطبيعة، بتوجيه سؤال إلى درويش عمّا يمثله جسده في حلقاتِ التجلّي، سنصل حتما إلى نتيجة خلاصتها أنه يرقص ليحظى برؤية عذراء للرب، فبدون الرقص لا يتخلى الجسد عن مواره، ويلج لعتمة العدم، نازعاً رِداء الشبق بين الأوضار والصمت هذه العوالم توحي بأنّ العارف في لحظة خطفه يعرض جسده على ذاته المتألهة، بمعاودة سؤال الفعل: لماذا الرقص، أفي ذلك استعارة (اللدُني الجسدي) أم أنَّ الجسد منحلٌ كبير وليس سوى الرقص نحّال لعسل المباهج والموت بوصفها الواهب، هنا يأتي الجسد بكامل شبقه المُتألّه ليُدير تلك الجلسة السرية بين الإله المُقترح الساكن بين طبقات حشيش الوجد وعوالمه التي راكمها عبر دهور

حملت في ملامحها عدد من التناقضات، فالرقص هو رأسمال الجسد.

إنَّ جسداً ينام على وسائد مذبحه هو افتعال سؤال بحد ذاته، فمن دون الجسد تصبح المعرفة فتّاحة لعلبة منتهية الصلاحية.

السؤال جسدٌ خُلق من حواف تقلبات الأنا، إذن، الرقص هو سكين التاريخ المُشرّحة لكينونة المعرفة الناجمة عن اشتباكات فعل المرحلة مع مترتّبات ثقافته، أما الذين يتحاشون تلمس كوارثه بالكتابة فيلزمهم تزيين خيال اللّهب بحرائق الحقب، ذلك لأنَّ الجسد يُلمح بضرورة استفزاز نيرانه، لكنه يمتنع عن رسم خطط كيفية استثارة المكمن، ولكي يحظى الجسد بلسان مُدعَّم جمالياً يلزمه اجتراح رقص حقه المتني، لأنَّ الرقص هو ناقد ضمني وفعلي للجسد، وجسد بلا رقص، إله بلا اسم.

عندما يهتز الجسد، تكتمل كتابة العدم، تفرج الفاكهة المحرمة فخذيها لمناقير العصافير النائمة في أعشاش فرجية متكورة نحو السرّ الغيبي، فيتبركن الحجر، إنَّه الرقص ما إن تُقام وليمته يتشظى كرستال المرح في فراديس اللهب، إنه الرقص... فهل فكر زرادشت بجسد الحجر قبل أن يرقص، وهو يستعرض تكوّر الملاكين في الصدر، وانفعالهما في الردفين وهما يُسبحان ملكوتهما بالهزّ لمضاعفة كمية أوكسجين اللذة في الجسد، فلا طعام ولا شراب بمستطاعه توفير هذا سوى مكر الرقص الذي هو طعام الجسد للجسد، هناك يدرك اللّحم مقامه الناري حيث المؤخرة في انفلات مرحي.

الرقص جوكندا الجسد، تلبسّه جن الزمن الخاطف، هو «فنّ تدريب سمكة زينة» على العيش في الجسد، عالمه عنقاوي، الأقدام تنغرز في كثيب الحلم، ولا أرض لجسد الراقص سوى الهواء.

ربَّ مؤخرة تستفهم وجودها في تمتين علاقة الردف بالهواء، ههنا تكون الهزة الردفية هي التذاذ كنيبالي، أي بين الجسد ومبادرة اكتشافه صورياً بانصهارٍ رقصي، وبهذا يصير الرقص فيتامينا قياميا، يعين الجسد على التشظِّي والانجماع في آنٍ واحد. وبذا نكون قد لمسنا الفارق بين الرقص الشرقي الذي هو ردفي الوجود، والآخر الغربي المرتكز على حركة الجسد في الفضاء، فالراقص الشرقي يعتمد على الجسد ولا ينطلق إلا منه، ويأتي مقام اهتزاز الردف ههنا بمثابة فارزة بين الأرضي والجوّي. لكنها حدود مائية، أما الخصر فهو الحدّ البرزخي. في ضوء اهتمامنا بموضوعة الرقص، نصل إلى رأي مفاده: أنَّ المؤخرة هي علاقة تحقق ملكوت الجسد في الرقص، وإلّا كيف سيتم ذلك مع جسد منزوع المؤخرة، إذن الرقص الشرقي هو معايرة الهوية بالحركة، وهو أقرب للفلامنكو، فكلاهما ينطلق من مبدأ الهوية والمحاكمة في آن، وفي هذا إيقاع تلاسني بين (المضاد الضّد) وهذا ما ذهب إليه إدوارد سعيد في دراساته الغورية للرقص الشرقي كما تشير إلى ذلك الباحثة هند السُليمان في كتابها الموسوم «الطعام، الحب، الرقص».

إن الرقص الشرقي يُعيد إلى الأرض ارتجالها الذي فقدته، فأن نرقص يعني أن نعمل جاهدين على استعادة ارتجال الجسد والأرض معاً، في انجراح متعمد للعالم بالحركة الملعونة.

***

مسرح السايبورج

يؤخذ على الفن بمجمله أنّه حقلٌ انفعالي، أو هو العضو المنفعل دائماً في جسد الحياة، وبصريح القول إنَّ هذه الرؤية سطحية وغير مستندة إلى رأي فكري، فما يمثّله الفن للحياة مقارب لموقع البطارية من الآلة الكهربائية، فديمومتها فعلٌ وردّة فعل، فبينهما تأثير لا نهائي، وإنَّ صلتهما الوثيقة تؤكد ضرورة انوجادهما معاً، وفي نظري أنَّ كل تي شرت وبنطلون وراديو ينزل في الأسواق، يقابله في الجانب الآخر قصيدة، ورواية، وعرض مسرحي جديد؛ لأنَّ العلوم الإنسانية هي موضة أيضاً، وتكمن حيوية الفن والأدب في رهانهما على الاحتفاظ بإيقاعهما الموضوي، واغتنام الفرصة في رصد جوّاني دائم لصراع السوق لتحفيز الخيال على الحركة إلى الأمام. ولا يخفى على المعنيين بالشأن الثقافي الدور الفكري الذي لعبته الثورة الصناعية.

ففي حينها بدأت تطفو على السطح روايات وأعمال فنية، كروايات الخيال العلمي، ونظرية مسرح الانفجار، والوسائطية في العرض المسرحي، وهذه كلها نتاج انحياز الكاتب والفنان إلى ضرورة توطيد العلاقة بين الإنساني والعلمي؛ إذ ليس من الصحيح إبعاد تطور المسرح والرواية عن الاختراعات الفضائية

والطبية كزراعة القلب، والصعود إلى القمر، فإن نظرنا بعين معرفية فاحصة، نجد أنَّ جميع هذه الانتقالات لها تأثير على المتخيل والنظرية، وأنَّ جميعها إشارة إلى مدى الاشتباك الفكري الناجم عن احتكاك الإنسانيات بالعلوم الأخرى وتداخلها. وتتأكد قيمة المنتوج الفكري بتوسيع الاهتمام بأفق الراهن العلمي والفني، فكلاهما متأتٍ من البحث في مصير الفرد في زمن أصبح فيه «الإنسان آلة عتيقة الطراز مقارنة وما يُنجزهُ تكنولوجيا» كارل تشابك.

من رصده للانقلابات الفكرية تنطلق نظرية جينفر باركر ستاربك واشتغالاته، مؤلِّف مسرح السايبورج الكتاب الجامع لعناصر أزمة الحضور الإنساني في زمن الانفجارات العولمية، وتحركها نحو المابعد إنساني، أي الدخول في صفقة تجمع بين العضوي والافتراضي، ما يجعل الإنسان في حيرة من أمره إزاء عملية الانشطار هذه، وكيف له أن يضمن وجوده في ظل ثنائية (الحسي الافتراضي) المضادة لثنائية (العضوي الميكانيكي) التي انتقلت بالفرد من الروبوت إلى الحاسة المفترضة، حيث الجنس عبر الأنترنت بديلٌ عولميٌّ عن التخصيب الصناعي؛ ذلك لأننا كما يشير المؤلَّف «نعيش في عالم الجماليات الافتراضية؛ حيث التكنولوجيا هي شريكنا، ومع ذلك تظل عدوى مسكرة تدخل تحت جلودنا، لكنها عدوى مرغوبة لدينا».

إنَّ هذا الاستهلاك المفرط للتكنولوجيا يدل على عجز الجسم عن إيصال صوته آلياً، ما اضطره إلى أن يلجأ إلى الافتراضي، علّه يحظى بشراكة يستعيد بها إيقاعه المعاصر، إذ ليس ثمة نافذة جمالية يستطيع أن يقول بها كلمته سوى خشبة المسرح؛ لأنَّها الجغرافية الوحيدة المؤهلة للاحتفاء بسيمولوجيا الفعل، إذ لا تصنيفات للجسد أو الجسم الإنساني في المسرح، بل الأفعال هي المُصنَّفة والمُصنِّفة دائماً، فحضور الممثل السايبورجي على الخشبة هو تقني الإيقاع أكثر

منه عضوياً، وفي هذا تأكيد على أنَّ الفعل هو من يحدد الهوية الثقافية، وليس الجسم بحمولاته الفكرية والعرقية. إنَّ التقنية هي من سترسم تضاريس هوية الجسم وحدوده؛ لأنَّ الوسائطية هي من تدير لعبة الحركة في مسرح يرتكز على «تفكير من خلال الجسم، وليس في ضوئه» بريدوتي؛ لكون التقنية هي الحاضرة والموجهة في آن واحد. ومن هذه المشكلات الفكرية تنطلق السايبورجية المسرحية نحو ضرورة عقد ائتلاف بين الجسم والتكنولوجيا التي جعلت منا جميعاً «سايبورجات، وأصبحت التقنيات هي نحن، ولا داعي للسؤال عن هذا التحول، بل يجب أن نعمل معاً ونتحرك إلى الأمام». ثم إنَّ الغاية من اعتماد تسمية الجسم وليس الجسد متأتٍ من تثبيت لنظرية المخرج جورج كوتس «العلم يقابل مجتمع الفن»؛ ذلك لأن النسبة الجمالية في السايبورج ضئيلة جداً، وتكاد تكون غائبة تماماً، ولكنها ليست معدمة، لأن التقنية الجمالية الفارطة تزيد من استثمار تلكؤ الإيقاع، حتى إنَّه يُخيَّل للمتفرج أنَّه شطرنجي الفعل.

في مؤلَّفه الموسوم بـ«مرحباً في صحراء الواقع» بتسجيل انتباهاته الراصدة لإنثربولوجيا العولمة، يذهب سلافوي جيجيك إلى أن اصطدام الطائرتين ببرجي التجارة العالمي كان العمل الفني النهائي في القرن العشرين، وفي هذا إشارة إلى تغليب دور الجسم على الجسد كما يحدث في مسرح السايبورج الذي يتطلب مشاهدة بنظارات ثلاثية الأبعاد.

إنَّ التكنولوجيا هي أطلس الوجود البشري في زمننا الراهن، وإن استهلاكنا الدائم والمتزايد للإنترنت، يؤكد انخراطنا الجدي في نقاش سايبورجي عالمي، تكون فيه الهواتف الشخصية المحمولة هي الممثل الفعلي، أما بالنسبة للغة في هذا المسرح فنجدها منشغلة بنفي وجودها عبر الارتباكات المعتمدة، لكنه نفيٌ جماعي لإثبات فردية الأنا، والأخيرة هي «شاشة يتم توجيه الصور المنعكسة

عليها من سطح الجسم»، بحسب جينفر باركر.

إنَّ استعمالنا ساعات متواصلة للإنترنت دليل واضح على إيماننا بديمومة إقامة الشعيرة الافتراضية اليومية، ويظهر أنَّ التكنولوجيا قد نجحت في أن تكون هي النضيدة الطقوسية لإنسان ما بعد ألفا. إنَّ السايبورج هو الإله الفردي التكنولوجي للأنا الجماعية فيجيلي المستقبل. فلا جسم كامل ولا غياب مطلق، وفي هذا السياق يأتي قول الباحثة والمنظرة الفرنسية إلزا غودار في كتابها «أنا أوسيلفي إذن أنا أُفكر» أنَّ «الفايسبوك هو كتاب الوجه» ومعنى هذا أن التكنولوجيا قد نجحت في تخفيض صوت الذات، بإعلاء نداء الصورة الذاتية.

والآن، يظهر أنَّ ثمة سؤال يتبادر بعد هذا:

لماذا المسرح قبل غيره من الفنون الأخرى مناطة به مهمة المواجهة دائماً؟ الجواب: لأنَّه الفن الوحيد المتبني لمشروع الحركة، سواء أصدرت من الجسد أم من الجسم، أي هو فن امتلاك زمام مبادرة الاشتباك مع الراهن الزمني.

يشير مؤلف الكتاب أنَّ ما يعزِّز موقفنا من اجتراح مصطلح «مسرح السايبورج» لكتاب «مسرح ما بعد الدراما» لهانز ليمان، و«كيف أصبحنا ما بعد إنسان» لكاثرين هايلز، فمن أطروحاتهما نستطيع إدراك التشعبات التي حاولنا فك التباسها وعرضها، ويمكن عد هذين المُنظِّرين من الأسلاف الأوائل لهذا الفكر المسرحي.

✸✸✸

عُري هنري ميللر

لماذا الكتابة عن هنري ميللر بعد عشرين عاماً من السياحة الأحشائية في عالمه الأدبي؟ إن الإجابة عن هذا السؤال تستدعي الخروج من الحسّ المُصنَّع، والدخول في الإيقاع الخام لموقف الجسد الذي هو بالنسبة لظاهرة الأدب عقلٌ حسيٌّ مهمته استيعاب بوهيميا الخيال، حينها أستطيع أن أستعير عبارة أنايِيس لأجيب عن سؤالي المذكور آنفاً: «إنَّه رجلٌ سكران بالحياة... إنَّه يشبهني».

الكتابةُ كما الجنون محاولةٌ أخيرةٌ في تحديد مركز الذئب في الجسد. اللحظة التي يغدو فيها الخيال قد أعلن انتقاله من ثنائية الطبخ والأكل إلى واحديةٍ منشطرة إبداعياً، على وفق هذه الرؤية يحق لنا عدّ القراءة نزالاً كانيبالياً يدفع بالخيال إلى التخلص من إيقاعه العام، والدخول في خاصِّه اللامرئي.

الواقع، أنَّ توطيد الجسّ الحياتي للمتخيلات هو ما كان هنري ميللر يطارده بالكتابة التي هي قراءة ما لا يُكتب بالنسبة إليه. فهو يكتب ليقرأ وجوده الإنساني بوصفه مخطوطاً كانيبالياً، حيث الرغبة في تدافع بربري، كأنَّ السرد لديه استيلاد دغلي لشراسة الخيال وتجاسره، بعد أن تحوَّل إلى مستهلك فقط، بفعل سيمترية الرؤية، بذلك يكون ميللر قد واءمَ بين سردية الحياة اليومية ومتخيله، وليس

ثمة توصيف لأدب ميللر مجانب للصواب أدق من وصف أحد النقاد لشعر غي غوفيت أنَّه «يوميات حيوان بحري يعيش على الأرض، ويريد أن يطير».

يكتب هنري ميللر في توحم غريب، يلتف على النظريات السردية، بشبق وانشغاف حياتي يفوق انحيازه لما يكتب، إذ يرى بأنَّ المهمة المستحيلة للكاتب هي أن ينجح في نقل الحياة من أرض الواقع، إلى النص، في استزراع حكائي، يمنح تربة الخيال فرصة الاحتفاء بالشجرة السيرذاتية. وهذا ما تبيَّن في قوله: «أنا لا أحكي عن أبطال، ولا أكتب روايات. أنا البطل والكتاب هو أنا».

تعد رواية «مدار السرطان» نصاً مضاداً للمتخيل السردي والنقدي على حدٍّ سواء، النص الذي جُوبه بالرفض والتنديد؛ لأنه اغترف خيالاته من سرديات القاع، حيث الأزباب والأطياز والأكساس في فوران حكائي دائم التدافع نحو منصة القول العاري من كليشيهات الحياء والحشمة. إنها ليست رواية، بل تدوين لانجراح الصمت بأظافر الثرثرة التي يعدها الناقد والمنظِّر إيهاب حسن، السمة البارزة لأدب هنري ميللر، الملاك الداعر المطرود من جنة الأدب الأميركي، فقد اختار الوقوف بوجه قامعي الخيال، بحجة أن الحرية المطلقة، اعتداء على الذوق العام للمجتمع، بيد أنَّ هذه الحجج الواهية لم تثن عزيمة إنسان اتخذ من السرد، مغامرة في فك مغاليق المخيلة بالذاكرة بعد أن ضَيَّقت عليها النظريات، وكبحت جموحها الفكري والجمالي.

تقدم لنا رواية «كابوس مكيف الهواء» الصوت الأحشائي للكاتب، في رصد مكثَّف لتضاريس تلك الذات الهائمة في تطوير سؤالها الوجودي بالانفلات من الأُطر الأخلاقية المزيفة المتبناة من قبل المجتمع الأميركي الذي بتبنيه الفارط لثقافة الاستهلاك هو ذاهب إلى الأفول والانطفاء الروحاني، فما كان أمام هنري ميللر إلا الهرب إلى باريس نوعاً من المواجهة المفتوحة، فأخذت كتابته تنمو في

تصاعد سيري، كأنَّه قد وجد في باريس القماشة التي ستمتص ألوانه السرية بعفوية مضاعفة.

في كتابه الموسوم بـ«أدب الصمت» يعد الناقد والمنظر إيهاب حسن، وبعد سياحة في عالم الأدب العالمي، هنري ميللر من «أوَّل كتّاب الأدب المضاد»، وليس غريباً أن توصيفاً كهذا يُطلق على كاتبٍ خَبَرَ تأريخ السرديات الكبرى للآداب والفن والفلسفة كما تشير إلى ذلك رفيقة دربه وشريكة أحلامه الشبقة أناييس نن، بأنَّ لديه شراهة دائمة في التهام المجلدات الكبرى، وترى بأنَّ الإيقاع الميللري للحب والإبداع يتمثل في تلك المسافة الواقعة بين عين الذئب وزهرة هيدجر التي لا تُقطع إلا بلسان مجنون هولدرلين، الضالع في لحس كآبة العقل بمرح رغبي. وليست سوى بصيرة الكتابة بمقدورها الاحتفاء بمقام اللحس الإبداعي لجرح أسطورته، وتدوين جُرحها الأبدي في كتابة جمعت بين لغز الجسد، وشراسة اللغة التي استمدت من ذلك اللغز نصاعتها المتفردة.

في تتبع أرشيف الأدب الغربي، سنجد بأنَّ هنري ميللر، على الرغم من كل المضايقات التي تعرض لها من ضيِّقي الرؤية الإبداعية، وشظف العيش، استطاع أن يتربع على عرش الرواية الأميركية خاصة والغربية عامة، وهو لم يقصد التجريب لأجل التجريب، بل كان يكتب بسرنمة فائقة، يكتب ليتوهج، ليندفع صوب بياضه الداخلي، يكتب ليقرأ براءة جسده بين الأشياء، استناداً إلى هذا هو ليس روائياً، بل حكّاءً أورفيوسياً، كل جملة وعبارة من رواياته، طعنة في هواء المستحيل، وتعريةً للكتابة.

لا يغيب عن القارئ الحصيف تأثر ميللر بالفلسفات الشرقية، ويأتي التصوف في مقدمة تلك الأطعمة الروحانية التي اغتذى منها النص الميللري، أضف إلى ذلك ولعه في قراءة المتون الغنوصية، ممتصاً فيها من توهجات سرانية عالية، ولم

ينصب تأثيرها على مشغله السردي فحسب، بل زحفت على المشاغل الأخرى لتجربته، لتشمل آراءه في الفن والكتابة، التي تضمنتها رواياته، ودوَّنت بصوت مباشر في مراسلاته مع (أناييس نن) المدونة الإثنينية التي أضفى عليها الحب واحدية نادرة، الأمر الذي حدث في كتابته عن لورانس ورامبو، فكاتب مثل هنري ميللر، لا ينزل النهر إلا ولديه يقين بأنَّ يكون النهر نفسه، بعبارة أخرى: هو يكتب ليحتفي بالآخر بوصفه قريناً.

ومثلما يقول في كتابه «زمن القتلة» إنَّ «رامبو والد لمدارس شعرية عديدة، لكنه ليس أباً لأيَّة واحدة، استعماله الفريد للرمز هو علامة عبقرية، لقد توصل إلى منظومة الرمز هذه بالدم الألم». أرى أنَّ هنري ميللر هو إيثاكا التي سعى ولا يزال يسعى الكثير من كتّاب الأدب الحديث إلى الوصول إليها، لكنها ممكنة على من يملك الإيقاع الأوليسي، الذي لا يتوافر إلا لدى هنري ميللر فقط، ويرى أنَّ جحيم رامبو يكمن في جدية الشاعر في معانقة رعدة المأساة الإنسانية، الزمن الذي يتجرأ فيه الله أن يرفع قبعته في مهرجان اللامبالاة تجاه ما يعصف بالروح من هزّات غايتها انفصال الخالق عن نسخته الأرضية: (الإنسان).

وفي نظر ميللر أنَّ رامبو مثَّل الوجه الأرضي لفكرة الرب نفسه، ويسند رؤيته هذه قائلا: «حين كتب رامبو، بالطباشير على أبواب الكنائس، وهو لا يزال في أول فتوته: يسقط الإله، أثبت أنه أقرب إلى الإله من القوى التي تتحكم في الكنيسة». ويبدو لي أن ميللر يريد من وراء ترسيم هكذا عوالم، تأكيد نيتشوية رامبو، الشاعر الشاذ في نظر حرّاس الأدب الأخلاقيين، والرائي المنبلج من دياميس الذات المسكونة بوحشة الرؤيا.

ضمن نزاعات التخييل هذه، يفتح هنري ميللر ذراعيه لصعقة الجمال، ذاهباً بالسرد إلى تخوم ارتجافة الدم في أوردة سؤاله عن فخامة شبقه الحياتي والخيالي

معاً، داحضاً بذلك من يتهمه بمكينة الشبق والافراط في استعماله نصياً. والحقيقة أنَّ من يقرأ تراثه الأدبي، سيجدُ خلاف ذلك، وإن كان ثمة ذنب لميلر، كما يدعي ضيقو الأفق، ففي نظري يتمثل في عدم اعتماد الكتابة الخطية، فهو كاتب سرنمي صرف، يكتب مثلما يُجرأ، ويأكل، وينيك، إذ الكتابة والحياة في موازاة دائمة، يكتب كما يعيش، ويعيش كما يكتب. وغالباً ما يمحي الحدود بينهما، لكن ليس أمامنا سوى هنري ميلر واحد، داعرٌ بفم إله. ومربي فراغات عتيد في رأس الكتابة، إذ ليس في حياته سوى كتب ملعونة أنقذت حياته من جحيم الوجود.

الجنس، التمرد، الخروج على طاعة السلف الأدبي، هي ذي أخاديد عالم كاتبٍ برع في التنديد والمنازلة، إنَّها تجربة تمنعت على الاختراق، لتبقى قريبة من الأدب بعيدة عن الأدباء، لكن اللافت للنظر هو كيف استطاع الكاتب أن يحيل القذارة والبذاءة إلى متحفٍ للجمال، إنَّها أشبه بمغامرة اندي وارهول عندما وضع برازه في علبة، جاعلاً منها عملاً فنياً يُذكر في المتاحف والدراسات الجمالية الحديثة.

إنَّ قصد الكتابة لدى هنري ميلر هو تعرية لانهيار الحضارة الأميركية، ومصارحة العالم بنفاد مفعولها الإنساني، ومن وجهة نظره أنَّه من المستحيل مجانبة ذلك من دون التخلي عن مدونة السرد الاحتشامي، في اللجوء إلى مخيلات خلاعية مركزة، تستمد من المعيش سيولتها، مهمتها العبث في المتاحف السردية، وعلى هذا الأساس أستطيع أن أقول إنَّ انقلاب هنري ميلر هو الوجه السردي لمبولة دوشامب، وما وجهت من تقريع لحكومات المخيلة والذوق العام، تجعل منه الروائي الوحيد القادر على التنكيل بتأريخ المخيلة جسدياً، والحديث عن شبق الشمعة من دون الاستماع لمشورة الظلام.

وبذا يكون ميلر من مشعلي الحرائق الأدبية، وفي مقدمة مثيري الشغب في إمبراطوريات السرد. إنَّه كونٌ من الوقاحة الخيالية، وذلك الشيطان الذي دخل

الجنة بزيه الكرنفالي، من دون أن يتنكر بجبة الإله. في الحقيقة هذه هي مزايا من انتقل من تسويد الصفحات إلى حقنها بجرعة الحياة، فما كان منه إلا أن يتنصل عن كل الموضوعات إلا الملاصقة لجحيمه الشخصي، ويأتي حديثه مع صديقه الأقرب ماكس، مؤكداً أصالة موقفه الراسخ من عملية الكتابة:

هل تدري فيما كنت أفكر يا ميللر؟ كنت أفكر في أن تكتب كتاباً عن حياتي.

في إمكاني أن أؤلف كتاباً عنك، لكني لا أريد. إنني أريد أن أكتب عن نفسي أنا.. هل تفهم.

عزيزي هنري ميللر.. هل تعلم بأنك حجر ميتافزيقي في إصبع لورنس، وأن كتابك عنه، هو تحية عرفان لشعرية الكابوس النائم في جسده الحافل بعربدات ديوزينوس...

❋❋❋

عوالم مسرح ما بعد الدراما

«بعد أن حرمنا المركز، لم يبق لنا ميراث غير اللاتمركز».

– روبرتو خواروز

بعد تحولات هائلة شهدها فن المسرح تأليفاً وإخراجاً، انكسر أفق التوقع الفكري لدى كبار مفكري الخشبة، فمنذ ستانسلافسكي، ومايرهولد، وآرتو وصولاً إلى مُحدِّثي التجريب وعلى رأسهم روبرت ويلسون، وريشارد فورمان، وكانتور، وبيتر بروك، وفليب جانتي، وشيكنر، وأوجاستو بوال، وجروتوفسكي، وبيتر شومان، وجوردن كريج، أعلن المسرح انوجاده المباشر في جغرافية الرمال المتحرِّكة للمعرفة، فصار الشاغل الرئيس للمخرج هو نزع السيادة عن النص الأدبي، بمبادرةٍ منه لتحرير العرض من الإيقاع الأرسطي، ذلك في تكثيف الاعتداء الصوري على طبخة المؤلف، عبر خلق نص مواز يدفع بالعرض إلى حدود السؤال المعرفي لا المسرحي فحسب.

إنها المغامرة التي دخل فيها فن المسرح في مواجهة مفتوحة مع تراثه، ويعود فضل ذلك لكتاب «المسرح وقرينه»، وما جاء فيه من أطروحات أُسيء فهمها في

ذلك الحين، بل عدّها البعض من شطحات آرتو العابرة، والحق أن تلك الرؤى هي شرارة أولى لفك الحصار ما بعد الدرامي عن المسرح، والذهاب به إلى تخوم المستحيل من خلال تعزيز ثقة الممثل بجسده، والوقوف خارج دائرة اللسان، وما نتج عنه من آثار مَكنَنت المسرح، فكان يرى بأنَّ المهمة الرئيسة للمخرج تكمن في الدفع بالممثل إلى اللعب مع موته، إذ لا زمكانية للفعل الركحي خارج حدود الجسد، بصلواته، وعربداته المقدسة، التي لا تعلو شعلتها إلا بتوافر جسد بارع في إدارة أعراس موته. وفي ذلك إشارة واضحة إلى التسليم بعدم جدوى الفعل الدرامي المتوافق عليه نظريةً وتطبيقاً.

لم يقفز كتاب «مسرح ما بعد الدراما» للألماني هانس ليمان على هذه الحقائق الصيرورية في تطور الفن المسرحي، فنجدهُ ملمّاً بأدق التفاصيل، وراصداً فطناً لردّات فعل الخشبة وتفاعلها مع الهزّات السياسية، والأحداث التأريخية، المحرِّضة على ضرورة انقلاب فني تمارسه الخشبة تجاه تراثها. إذا ليس ثمة فاصلة بين الارتداد الإنساني، والتحول الفني، فكلاهما متأتيان من جنوح نحو الانعتاق من وثاق تقاليد وأعراف لا توائم وما يعانيه الإنسان، ويتصل بهذا ما حدث للرواية من تجديد بعد ثورة الجامعات في فرنسا على يد روب غرييه، وناتالي ساورت، وميشيل بوتور، فكانوا يرون بأن قيمة الإبداع هو أن يستمد من التحولات الواقعية طاقة مواجهته لسؤاله الدائم: هل متجددةٌ الحياة بنفسها أم متجددة بالفن؟

إنَّ ما يميّز كتاب مسرح ما بعد الدراما، هو أخطبوطية المعرفة المسرحية التي راكمها هانس ليمان، فهو يتنقل من حقبة إلى أخرى، وكأنَّه يروي أسفاره المعرفية في عوالم لم يُسبر غورها إلا بتفطن لكل ما هو لصيق بالمسرح. إنها الحالة التي يجنح فيها الفن إلى رهان حيازة المعرفة المضادة للمعرفة نفسها، ذلك لأن

امتلاك سؤال المعرفة في حاجة لبحث موسَّع ودؤوب، وهذا عينه ما اجتهد ليمان في ترسيخه بتسوُّحٍ فكري ونظري في آن واحد.

إن قراءة فاحصة لكتاب كهذا، تضعنا بمواجهة سؤال إشكالي مفاده: أيرى هانس ليمان ضرورة موت الدراما؟ أم يريد إيجاد عالم مسرحي يمتح من عصر الشك الذي ابتدأ بموت الربِ، فالمؤلفِ، وصولاً إلى موت النص، عالمه الخاص؟ أم يسعى من وراء أسئلته المقلقة إلى خلق افتراض نظري فحسب؟ ألا يزال المسرح في حاجة لتجريب أم وضعت دعوات نهاية الإنسان الفن المسرحي أمام مفترق طرق؟ فإما أن يواكب الأزمات الكونية أو يعلن اعتزاله في حال عجز عن تحقيق ذلك، وماذا لو تخلَّف المسرح عن الالتحاق بركب الأزمات الكوسمولوجية، فهل سيكون ثمة احتياج للخشبة، وما قيمتها إن لم تقف في مركز دوائر الخطر؟

في قسم كبير من الكتاب انصب جهد المؤلف على ترسيم ملامح تجارب ما بعد الدراما، والتلويح بمزياتها، إذ يرى بأنَّ العلامة البارزة لهذا النوع من المسرح، أنَّه طوى صفحة النص المؤسِّس، في اعتماده النص التوليفي للعرض، بل أكثر من ذلك أخذ يشتغل على السيمولاكر النصي، فمخرجو هذا المسرح يرون أحقية العرض في الانقلاب على نصوصه، إذ هو قائم على تعدد الأبعاد، وتنوّع أفكارها، وإيجاد مجال كاف للعب، كأنَّنا بصدد صياغة نسخة رأسمالية معاصرة لأعياد ديونيزوس.

وتجلى ذلك في نصوص هاينر موللر، والفريدة يلينك، وألبرت أوسترماير، ورينه بولش، ويعدّ ليمان هؤلاء من أبرز كتّاب ما بعد الدراما؛ ذلك لاعتمادهم الاشتغال على فرضية النص البديل، وتعني أن يقوم المخرج بتشطير النصوص الأدبية إلى شرائح فنية، تنصهر فيها الموسيقا بالتشكيل، والسينما بالوسائط

الحديثة، والكوريوجرافيا. وبهذا وحده يمكن للمسرح أن ينجو من هيمنة الأدب، ليدخل جغرافية جديدة مُتشبعة برؤى وعوالم معاصرة تبحث في قيمة الإنسان ومقامه الراهنين، ومدى ارتباط الانفجار العولمي باحتياجات الفن المسرحي، فمسرح لا يتطور هو أشبه بجنين لا ينمو. إذن، حيوية الفن تكمن في مقدرة الفنان على الإطاحة بالأسلاف في تكثيفه البحث عن فضاءات إبداعية يتماس بوساطتها مع راهنه الإنساني والثقافي.

فما أراد هانس ليمان تأكيده هو جدية المسرح في التخلِّي عن مسك العصا من الوسط، فليس أخطر من كذبة الاعتدال في عالم الإبداع، بل إنَّ التطرف للتجربة هو من سمات التجديد، حيث لا مجال للتواطؤ. وهذا ما تبناه ليمان، ويُذكر أنَّه قد واجه حملة انتقادات واسعة، بحجة أن نظريته غير مكتملة، وأنَّ مشروعه لا يتجاوز حدود العبث، وإلى تقديم أفكار مُحدِثة، لكن عمق ما جاء به ليمان لرعائل وأجيال أنَّ الارتقاء بالمسرح يبدأ من جرأة المسرحي في تنظيف أنابيب قنواته الفكرية، ومنح المسرح فرصة مساءلة راهنه الفكري، في زمن عولمي ذابت فيه الحدود، وأخذت فيه الإيديولوجيات تتحرك نحو موتها باطراد، حيث عدم التمركز هو التمركز، والمحو هو الكتابة الوحيدة الصادقة في راهننا. إذن، فلماذا عَدَّ بعض من النقاد دعوة ليمان القائلة بضرورة مغادرة النص الأدبي انتهاكاً لفن المسرح؟ أليس في ذلك سوء فهم لمقتضيات تمرحل العلوم والمعرفة.

من المرتكزات المهمة الأخرى التي انبثقت منها نظرية ليمان، هي طي صفحة الجدار البريختي، والسماح للجمهور في المشاركة الفاعلة في العرض المسرحي، وليس الاكتفاء بالمُشاهدة، فمثلما دعا لدحض تمركز النص، طالب بتحطيم قوالب المُشاهدة التي حوَّلت المتلقي إلى كتلة جامدة، مهمته التحديق فحسب، فيما اشتغالات مسرح ما بعد الدراما تُجيز للمتلقي التدخل في العرض، وبرز

هذا التوجّه في عروض المسرح البيئي، ومسرح الموت، ومسرح المقهورين، ومسرح المعمل البولندي، ومسرح سكوات، والمسرح الحي، ومسرح بيتر هاندكة، وتحديداً في نص سب الجمهور، حيث قام الممثلون بقذف المُشاهدين بأكياس مليئة بالدم.

إنَّ التجارب هذه جميعاً تشير إلى امتلاكها فعل ما بعد درامي، فمن خصائص هذا المسرح أنَّه يميل إلى التجسيد الأدائي أكثر منه إلى التمثيل، فنجده قد جمع بين البرفورمانس، والكولاج التشكيلي في صناعة صور المَشاهد، والسرد السيري، والطقوس البدائية، ونرى مما سبق: أنَّ المخرج في مسرح ما بعد الدراما هو جذموري الرؤيا، وإنثربولوجي علوم ومعارف، قبل أن يكون مبدعاً مسرحياً، إذ هو في ترحال دائم، واستقصاء جواني، ينتج عنهما عرضٌ سحريٌ يُستقبل خيالياً وليس بالاستعانة بالواقع، ولا يتحقَّق البُعد المابعد درامي إلا بتصفير التخيِّل، عبر مواجهة فكرية تجمع بين غادامير ودريدا في مشغل واحد.

تشير مترجمة الكتاب الدكتورة مروة عبيدو في تقديمها للكتاب إلى أنَّ مصطلح «ما بعد الدراما» يعود للنصف الثاني من القرن العشرين، واستعمل لأوَّل مرة على الباحث (أندريا فيرت) الذي كتب عام 1987، ورقة بحثية، تحت عنوان «المسرح كيوتوبيا جمالية تحولات المسرح في بيئة الإعلام». وكان يرى أنَّ أشكال مسرح ما بعد الدراما، ما هي إلا تجسيد لرد فعل فن المسرح تجاه وسائل الإعلام الحديثة، وتجاه شكل العالم الحديث».

فما يُحسب لهانس ليمان ليس تفعيل مصطلح فيرت فحسب، بل جدية البحث، والعمل على تأصيله بخبرة الراصد والمنظِّر، من خلال تسليطه الضوء على تجارب وفرق مسرحية لم تنل هذا الرصد والاهتمام العلمي من قبل، كذلك اهتم في مناقشة موضوعة الزمن وعلاقته بالجمهور. وما دمنا بصدد حضور

الزمن لا بدّ لنا من سؤال مفاده: هل ثمة اختلاف زمني بين الدراما، وما بعد الدراما؟ وإن لم تكن هذه الرؤية في حسابات ليمان، فلماذا شَدَد في مؤلَّفه على خطورة الزمن في نظريته المسرحية؟ يبدو أنه يريد القول إن ما بعد الدرامي هو محصلة طبيعية لما بعد إنساني، الناتج عن مناخ افترست به التكنولوجيا مقام الجسد.

ما نفهمه من نظرية ليمان أنَّه يسعى إلى تغيير شكل المسرح بوصفه عالماً كوسمولوجياً قابلاً للتمدد والاشتباك مع الحياة فكرياً وثقافياً، ذلك في إصرار صُنَّاعه كُتَّاباً ومخرجين على خلق عالم درامي منشؤُهُ الاختلاف، والمغايرة القائمة على ثنائية مجترحة حديثاً تقول بفورية الانفصال وما بعد الانفصال وما ينتج عنهما من «مسرح مغامر» كما يُسمّيه ليمان.

انشغلت عروض ما بعد الدراما بمسألة العودة إلى الجسد، والاستعانة به فضاءً مولِّداً لخطاب صوري يغترف من بصريات الموضة، والإعلانات التجارية، حضوره البصري، معتمدة الاشتغال على استراتيجية الفراغ الانتروبي، أي الامتلاء الرغبي، وكما نعرف بأنَّ للرغبة المعرفية في زمن ما بعد الحداثة سياسة الزوال الآني، فكل شيء حاضر وغائب في آن واحد، حيث لا توقع سوى للمحو الفوري، وهذه مزية الفراغ الانتروبي. كأنَّ المشاهد في برزخ كريستالي.

ولا تقل مساعي مسرح ما بعد الدراما في البحث عن البيئة البديلة لتقديم العروض، عن مجهوده الكبير في تفكيكه لأسطورة النص الأدبي، فكان الشاغل الرئيس لمخرجيه هو مضاعفة الجهود، وتوجيهها نحو ضرورة تجديد المعمار المسرحي، وعدم الاكتفاء بمسرح العلبة، فأخذوا يفتشون عن فضاءات جديدة، تُعدد من بؤر العرض، مما دفع كثيراً من المخرجين إلى تفعيل عروضهم بالأمكنة

كالأديرة، والمشافي، والغابات، والسجون؛ لخلق «عرض مسرحي يتمتع ببؤر متعددة ومتنوعة، يتم فيه ترتيب الفضاء (المكان) بحيث لا يستطيع المتفرج أن يرى كل شيء من دون أن يتحرك أو أن يعيد التركيز، وحيث يقع أكثر من حدث واحد في الوقت نفسه». وعند الإمعان في قولة شيكنر هذه يتكشف لنا عمق اللعب على المكان بما لديه من إمكانية عالية في تحديث العرض المسرحي بوساطة ممثل يتقن اللعب على الفضاءات المادية، والخيالية منها، أي تلك التي يقترحها المخرج صورياً على الخشبة. وعلى الرغم من ذهاب هذا المسرح نحو الاحتفاء «بانتلجنسيا الخيال الفرجوي»، نجد أنَّه لم يختزل التمثيل بالمختصين فقط، بل استطاع أن يؤسّس لشراكة إبداعية مع المرضى، والسجناء، في مسرح الطريق المسدود، والمسرح العلاجي، ويُذكر أنَّ روبرت ويلسون وهو من أبرز مخرجي ما بعد الدراما بحسب ليمان، حيث «قدم أعمالاً مع أطفال مصابين بخلل عقلي، والأجرأ من ذلك، أنه اتخذ من أحد المصابين بالتوحّد النفسي معاوناً له» ثيودور شانك. وكانت رؤيته في ذلك أن هؤلاء الناس يملكون شاشات داخلية بالغة التطور.

❋❋❋

133

النقد الارتيابي، أحمد بلخيري مثالاً

يؤشر الناقد المسرحي أحمد بلخيري في كتابه «في المسرح، مراجعة مفاهيم وأحكام» على المشكل الأساس في المدوَّنة النقدية المغربية، مُحاولاً فك الالتباس النقدي المهيمن على فنون الخشبة في المغرب، في قراءة أحشائية للمتون النقدية المؤسِّسة؛ إذ يعتمد الزعزعة لكل ما هو قارّ، بتفتيشه الغائر في النص النقدي لأسماء لامعة رفدت الخشبة برؤى وتنظيرات مهمة أمثال عبد الكريم برشيد، وحسن المنيعي، وخالد أمين. ويرى بلخيري أنَّ الاحتفاء بفن المسرح معرفياً، يبدأ من المراجعة الفاحصة للأثر النقدي؛ ذلك لأنَّ النظرية هي نضيدةُ المعرفة الضامنة لديمومة الفعل المسرحي. ومن ناحية أخرى، سعى بلخيري إلى تكثيف النظر في النقد بعدسات معرفية طامحةٍ إلى التعرُّف على ما وراء الستار، وراصدةٍ لأسباب التلكؤ في استقبال المصطلحات وترجمتها.

من بين الهِنات التي نجح بلخيري في تشخيصها، الإخفاق في ضيافة المصطلح، حيث الوقوع في فخ ترجمته ذاتياً، أي بما ينسجم ومتطلبات الهوى النقدي لهذا الناقد أو ذاك، وهذا يُشير إلى أنَّ محنة النقد بدأت من لحظة التهاون في ترجمة المصطلحات النقدية، وعدم تشريحها معرفياً، فالترجمة في رأيه هي عملية فهم

قبل كل شيء، ومن يتعثر في إدارة مؤتمره اللساني، لا شك أنَّ فهمه سوف يكون منقوصاً، وكلَّما سعى إلى الإمساك بالعصب الحسَّاس لجوهر المصطلح، يرتد على نفسه بفهم ضبابي، وسبب ذلك يعود إلى عطبٍ في ماكينة الفهم، وفي ذلك يظل رهين المراوحة أو القبول بالممكن.

إنَّ عطب النقد العربي عامة والمسرحي خاصة أساسه أنَّ الناقد يتعامل مع الفعل الإبداعي سواء أكان ذلك الإبداع مكتوباً أو مرئياً، بثقافة ما قبل الأثر، بمعنى آخر هو يسعى إلى استنطاق ما يقرأ ويشاهد بنظريات ومصطلحات مستوردة دونما مجاوزة ما راكمه، بما يتلمس طريقه إلى الظهور، وهذا ما ينشغل بلخيري في الوقوف عنده للحدّ من ظاهرة النقد الانطباعي التفسيري، ذلك لأنَّ مهمة الناقد المعرفي هو أن يتفاعل فكرياً لا أن ينفعل شخصياً، فالأوَّل يأتي ممن لا يملك فطنة ملاحظة، فيما التفاعل هو من سمات رجل المعرفة، الساهر على تطوير سؤاله النقدي، ونجده في انشغال دائم بضرورة تزويد أوراشه النقدية بأدوات فكرية رصينة ملامسة لتطلعات الراهن الإنساني.

لتنشيط مستوى النظر في النقد المسرحي، يضعنا بلخيري أمام جملة محفّزات يتوجب على المشتغل في الحقل النقدي امتلاكها، وفي عدم توافرها تظل نصوصنا النقدية حبيسة الأهواء الشخصية، ومن تلك المحفزات العمل على ترسيم حدود الحضور النقدي للعرض المسرحي داخل الناقد، فليس من الجائز تنضيد رؤية نقدية من دون حلول رجَّة النقد في العرض المراد تفكيك عوالمه وتأويلها. ومن مميزات الناقد المسرحي أن يجمع في مختبره بين الفهم وما بعد الفهم، أي المشاهدة وانسجام العرض نفسه مع الذخيرة التي سيخوض بها الناقد نزاله الفكري. وفي حال انتقل النقد من ضفة المواجهة إلى ضفة الإعجاب، فدونما شك أنّنا نكون أمام حملة تضامنية، وليس نصاً نقدياً. وتقارب هذه الرؤية ما ورد في محاورة

موسّعة أجريتها مع الناقد بلخيري، وكان السؤال يدور حول دور النقد المسرحي المؤسِّس في المغرب، فجاءت إجابته على النحو الآتي: «أنَّ حسن المنيعي وخالد أمين، وانطلاقاً من المعطيات المتوفرة أي الكتابة نفسها، فليس لأي منهما تحاليل منهجية اتخذت موضوعاً لها عروضاً مسرحية». وهنا يجب التمييز بين التحليل المنهجي وإصدار الأحكام النقدية التي قد تكون أحياناً انطباعية. الأحكام النقدية عن عروض مسرحية موجودة عند كل منهما وأحياناً بصيغة التعميم. من ذلك على سبيل المثال قول حسن المنيعي في كتابه «مقاربات مسرحية (قراءة في المسرح العربي الجديد... ومسرح الهجرة العربي)» (2019)، وهو آخر كتاب صدر له وهو على قيد الحياة: «وقد أثر هذا الأسلوب على العديد من الهواة الذين سعوا، منذ منتصف السبعينيات، إلى «تحديث» ممارستهم من خلال إعادة النظر إلى كتابة النص، التي لم تعد «خطية» بقدر ما أصبحت متفجرة» (ص 74/75). المقصود بالأسلوب في هذا السياق هو «أسلوب» الطيب الصديقي الذي «يتشكل من عناصر فنية عديدة كالحركة، والرقص، والغناء، والموسيقى، والتشكيل والإنارة» (ص 74).

لنلاحظ من خلال هذا المثال وجود حكم عام يتعلق بـ«العديد من الهواة»، حكم نقدي مصدره ما ترسب في الذاكرة عن مسرح الهواة في سنوات خلت. وأنا أفهم تعبير «نقود الخشبة» بوصفه تناولاً نقدياً لما يعرض على الخشبة، وليس مجرد إصدار أحكام عامة من الذاكرة. مثل هذا التعميم موجود بكثرة في كتابة حسن المنيعي النقدية من قبيل: «من هنا، ظل مسرح الهواة...» (ص 64)، و«استطاع العديد من الهواة» (ص 65)، و«أما بالنسبة للمسرحيين المغاربة، فإن مسرحهم لم يكن يخضع للأوضاع الحضارية نفسها، وإنما لعوامل أخرى تتراوح بين ما هو سياسي وثقافي» (قراءة في مسارات المسرح المغربي، ص 78). وحتى

حين حديثه عن مسرح الطيب الصديقي فإن حديثه عبارة عن أحكام نقدية عامة من قبيل: «ومع أن الصديقي قد ارتكز على التراث، فإن أعماله تقوم في رأيي على استفادة خارجية نظراً لتشبعه بمعطيات المسرح الغربي وتقنياته» (نفس الكتاب الأخير ص 79)، لنلاحظ جيدا كلمة «أعماله» التي تفيد التعميم وليس التحليل، وكذلك «في رأيي». هو إذن حكم نقدي عبارة عن رأي شخصي، والتحليل المنهجي للعروض المسرحية ليس هو التعبير عن الآراء الشخصية من دون أن تكون مسبوقة بتحليل عملي ميداني ملموس، فهذا التحليل الأخير هو الذي يبرر وجود أو عدم وجود «نقود الخشبة». وأنا هنا أتحدث منهجيا تقيُّداً بما هو موجود في السؤال، لكن هذا لا يمنع من الإقرار بدور حسن المنيعي الريادي في نشر الثقافة المسرحية في المغرب منذ فجر ستينيات القرن العشرين إلى حين وفاته (13 نوفمبر 2020) سواء من خلال كتاباته أم ترجماته.

وبالنسبة لخالد أمين، فكتبه المنشورة إلى حد الآن لا تتضمن ما ينتمي إلى «نقود الخشبة»، النقد الذي يعني التحليل الفني التطبيقي وليس إصدار الأحكام النقدية، فكتابه «الفن المسرحي وأسطورة الأصل» (2002)- وتعبير «أسطورة الأصل» ينطوي على موقف فكري رافض لفكر آخر انطلاقاً من رؤية فكرية مغايرة- لا يتضمن تحاليل منهجية لعلامات مسرحية موجودة في عروض مسرحية. فالغالب على مادة الكتاب تقديم آراء فكرية مثل الفكرة المتعلقة بالإسلام والمسرح، والمسرح العربي في علاقته بالمسرح الأوروبي، وعلاقة المستعمِر بالمستعمَر... وهذا ما يلخصه عنوان في الكتاب هو «التمثيل بين الهوية والغيرية».

يختلف النقد المسرحي عن حقول النقد البصري الأخرى كالسينمائي، والتشكيلي؛ ذلك لأنَّ المسرح يستند إلى ضرورة وجود (سَند آني)، لذا ينبغي على

الناقد أن يكون حاضراً أثناء تقديم العرض، أي أنَّه لا يجوز له كتابة نصه النقدي إلّا بعد التشاور مع جسده، والتعرّف على أهمية مخزونه الذاكراتي عما شاهده. وفي ظل هذه الرؤى نجد أن النقد المسرحي في الأساس هو عملية مشورة العقل للجسد، وبتعبير أدق هو هبوط النظرية إلى الشكل وليس العكس كما يحدث في كتابات الكثير ممن قدموا النظرية على الشكل البصري. وغالباً ما يحدث هذا نتيجة خلل في جهاز التلقي لدى الناقد، وتعود أسباب ذلك إلى تكاسل الناقد عن إدامة عدته الحسية التي ستؤدي إلى إحداث نوع من الإرباك في تلمس الغائر من العرض. ينبغي على الناقد المسرحي قبل أن يُفكر بالكتابة عن العرض، أن يجرِّب الانفتاح على أثر ذلك العرض داخل جسده، وهذا الأخير هو حقيبة الناقد المعرفية، وهو خزان علامات كرونوتوبية بالنسبة للمخرج والممثل.

لا مجال للشك في أنَّ للمغرب حصة الأسد في تأسيس طليعية النقد المسرحي العربي، إذ ما وصلنا من ترجمات ومؤلَّفات دليل واضح على الدأب الدائم والمتواصل في ضيافة الآخر شكلاً ونظرية، وتقديمه للقارئ العربي. ويأتي ذكر حسن المنيعي في مقدمة مشاغل نقدية رفدت المستهلك الثقافي لعلوم الخشبة بالجديد والتجريبي دائماً، وليس من السهل تجاوز مجهوده الكبير المُوزع بين التأليف والترجمة، الأمر الذي منحه طابع القداسة والتبجيل، مع ذلك لم تفتر همة بلخيري في تفتيش أضابير المنيعي الثقافية، وفحص جهازه النقدي، كذلك لم يتردد في أن يضغط بإصبعه على الجرح الغائر في جسد المسرح المغربي، مُشخِّصاً بذلك أسباب ما يعدّه فشلاً نقدياً، كذلك تناول ضبابية الرؤية في قراءته لبعض العروض، ويرى أنَّ المنجز النقدي لحسن المنيعي تنقصه حدَّة الملاحظة، وأن كتابته تندرج تحت تسمية (النقد التضامني). وصفوة القول: أنَّ ما يسعى بلخيري إلى ترسيخه هو أنَّ مشروع المنيعي في كلتا الممارستين الكتابة والترجمة،

يبتدئ من الذات وينتهي بها.

يتبنى «المسرح، مراجعة مفاهيم وأحكام» المواجهة المفتوحة مع النصوص المؤسَّسة والمقدسة في الساحة المسرحية المغربية، وما يُعطي الدعم لحفريات بلخيري أنَّ مشروعه النقدي ينطلق من نشاط مزدوج أنه يجمع بين اطلاعه الرصين في البحث النقدي، وخبرته في لغة الآخر، وهذا ما عضَّد من جرأته المعرفية في استجواب أثر الآباء المؤسِّسين ومحاكمتهم، والتشكيك بقداسة رؤاهم، إذ لا حضور للثابت على أرض الفكر.

هناك فارق كبير بين الناقد المسرحي المعرفي، والناقد المسرحي الجمالي، فمن سمات الأوَّل أنَّه يتلقى مع العرض قارئً شفرات استطيقية، ومثير شغب داخل خطاب العرض الذي يسعى المخرج إلى إيصاله. أما الناقد المسرحي فيحضر بصفته إطفائياً، وينتسب بلخيري للصنف الأول، الناقد الارتيابي الذي يتخذ من الشك بوصلةً ترشده إلى اتجاهات المعرفة. لذا فعلى الناقد أن لا يتكاسل في تربية رؤاه على الشك، وتثويرها بسؤال مزعزع لليقينيات، ولا يتحصَّل ذلك دونما سياحة فكرية.

ما يُسجل ضد النقد المسرحي العربي أنَّه يفتقر إلى الرؤية الفلسفية في تحليله للعروض، لهذا نراه يُخفق دائماً في النفاذ إلى عمق الخطاب الفكري المعروض على الخشبة؛ زد على ذلك أنَّ بعضاً من النقاد يجهلون التفريق ما بين جماليات المسرح، التي من الممكن ملامستها في قراءة تضامنية، والمسرح بوصفها إستطيقا جمالية مرتكزة على استفزاز مكامن القلق الجمالي فلسفياً، كما حدث في كتابات دريدا عن مسرح آرتو وجان جوني، وآلان باديو في كتابه «مديح الحب»، إذن نحن محتاجون إلى شكوك مسرحية تعيننا على الظفر بغير المُتعيِّن بصرياً، وليس لكتابات نقدية متواطئة. ويقوم النقد المسرحي المعرفي، في المقام الأوَّل على تطريز جسد

النص بالثقوب، سواء أكان ذلك النص مكتوباً أم بصرياً. وليس من السهل على الناقد أن يأخذ دور المِثقاب الفكري من دون التخمُّر في أحواض الفلسفة بعالميها التأويلي والتفكيكي، فمن دون التفلسف يصعب على الناقد التمشي في دروب المعنى، وتدريجياً تتحول مقولاته إلى عبء على كاهل النقد نفسه.

لو ركزنا على الحركة الداخلية للنص البلخيري، نجد أنَّه قد ذهب نحو ضرورة بطلان الحقيقة النقدية الواحدة، والناتجة عن قراءات عابرة ومبتسرة عبثت بفن الخشبة، محوِّلة إياه إلى انفعال لحظي، كذلك ليس من الصحيح وصف المجهود الكبير لبلخيري بالانقلاب على الآباء، إنَّما هو تعتيبٌ فكري لأبواب يحتاج فتحها إلى مغامر مُتدرع بثقافات الفرجة، فإن نقارب الحدود الحمراء في فحصنا لجودة ورصانة منتوج ثقافي ما، يعني أننا قد دخلنا في جغرافية متهكم ريتشارد روتي المُتخذ من الشك بوصلة نحو حقيقة منقوصة.

❋❋❋

عوالم أم الزين المسكيني

«الفضاءُ شكٌّ».

- جورج بيرك

إنَّ فلسفةً لا تتبنى ضرورة الخروج عن السطر الفكري، إنَّما هي ضرب من التواطؤ والمهادنة لحملات هدم صروح الكفاح الإنساني داخل أنفسنا، ومشاركة فاعلة في اقتسام تمثيل ذاكرة كاليغولا على ركح الأرواح، فأي أركاح بمستطاعها أن تحتضن إيقاع رقاصاتنا في بحار الدم، وأوحال الخيبة التي تَلثم وجه عالمنا اليوم؟ غير أنَّ ذلك لا يعفينا من طرح سؤال مأزقنا، في ولوجنا جغرافيات التحلّل، وتجويد مواقفنا بكلمة تتغيا الصمود بوجه عواصف الملّة وحفيدتها العولمة، والحقيقة، هي أن لا شيء بمقدوره أن يدفعنا إلى الأمام سوى أن نربح وجودنا بتفلسف يرتكز على يقين الخسارة، فأن «تُفكر هو أن تخسر» كما يقول دولوز في وصفه لمحنة نيتشه.

ومما لا شكَّ فيه، أنَّ الخسارة المُربحة هي دائماً نصيب من يسعون لأن يجعلوا من الوجود مساحات رحبة تُعظّم قيمة العلوم والمعارف ومقامهما في زمن

باتت فيه مزابل الرجعية على جهوزية تامة للزحف متى شاءت على حدائق تراثنا الإبداعي، ولا سيما أنَّ بين ظهرانينا من شرع بخطاب التكفير بتجريف واقتلاع أشجار لطالما أثمرت للوجود معرفة إشكالية؛ أشجارٌ نادرة كالفارابي، والتوحيدي، وابن باجة، وابن عربي، والنفري... إلخ، من أسماء شحَّ نظيرها في عالمنا اليوم.

وإنَّ ظاهرة خلودهم الإنساني جاءت من إصرارهم على دخول حلبة المعرفة، وخوضهم نزالها الفكري بقناعات قارَّة في خسارة مرحلية، سوف تُقتطف ثمار أرباحها مستقبلا، «فإذا كان الرجعيون يصمتون، فإنَّ الثوريين يتألَّمون لأنهم يعلمون أنَّنا نحن هم صنع هذا العالم اللاإنساني الذي يسحقنا». [18] لكن أي مستقبل ينتظرهم معنا في زمن حكومات الفوضى، وشعوب الجوع، وسيادة إمبرياليات السوق على التجمعات البشرية، وشركات تجنيد المرتزقة للموت في بلدان أخرى، وبالطبع، ليس ثمة مَن بمقدوره أن يجيبنا عن هكذا أسئلة سوى التفلسف خارج حدود الأقفاص الأكاديمية، التي لا تزال تُعرَّف بالفلسفة على أنها مُراجعات وحواشٍ لأفكارٍ سبق لها أن طُرحت في دروس ومؤلفات الأسلاف.

ولأنَّ الإنسان قد اُستعمر من جديد بأقنعة مُحدثة، فلا بدَّ للفلسفة من أن تخرج عن طورها، مُنددةً بـ«كولونيالية الأنتلجنتسيا الفلسفية»، وضرورة استعادة الإيقاع الحيوي للتفلسف في تحرّكه بين الحشود، ولا سيما أننا قد جاوزنا مرحلة الكولونيالية الناتئة إلى كولونياليات ناعمة أكثر خطورة، يمكننا أن نسمِّيها بكولونياليات المعيش اليومي، جراء ما يفرض علينا من سياسات رأسمالية أصبحت تتحكم بتكريش بطوننا وتقليصها، وحقننا بأمصال أُنتجت

في مختبرات سياسية وليست طبية كما يُزعم. من كل هذه الأسئلة الإشكالية الراهنة انبثق كتاب «الفلسفة في الفضاء العمومي» للمتفلسفة أم الزين المسكيني بوصفه مواجهةً، ومساءلة، للراهن العربي والعالمي سواء. إذ ترى في التفلسف بشكل عام مجهوداً إنسانوياً يردم هوّات المرحلة، في تحفيز الفلسفة نفسها على ابتكار سقراطها الذي سيجعل من الفضاء العمومي قاعةَ درسٍ ثوريٍّ في الإنسانية، لكونها تؤمن بأنَّ مهمة الفيلسوف هي تثوير العادي بسؤال المأزق، «فمن أجل أن يكون إمكانية للحديث عن الفلسفة من أجل عموم البشر، كان ينبغي للفيلسوف أن يعلن عن مساواة جميع البشر في العقل بوصفه أعدل الأشياء قسمة بين الناس».

ولا تخلو عبارتها هذه من تفطين صريح للشعوب في أهمية حصولها على حقوقها من الثورات الفكرية والجمالية، وقد بُرّز هذا في قراءتها الإحصائية لأحداث الربيع العربي، وما خلَّفت وراءها من تداعيات وانكسارات كان أخيرها صعود تيارات متطرفة بأقنعة علمانية مزيَّفة، واشتراكيات غابرة أكل عليها الدهر وشرب.

فأيُّ ديمقراطيات مرتجاة من ثورات ولدت دونما مشورة للعقل، المُسيَّرة خفاءً بدوافع استثمارية من قبل (متطرفي ظلّ) وأعني بذلك علمانيي السياسة، لمحنة الإنسان العربي، وإنَّ أقصى ما يشغل هذه الجماعات هو أن يدوم تجويعنا نحن الشعوب، وسلب إرادتنا، وأن يُصدروا أنفسهم أُنموذجاً لزعامات بديلة، مهووسة برفع شعارات الإنقاذ والخلاص، كأننا أمام نسخة علمانية للمهدي المنتظر. لكنهم غير مدركين لأمر شديد الخطورة، هو أن الإنسان لا يُبنى ولا يتم ترميمه إلا بظل وجود زعماء وجوديين، وبحسب اعتقادي أن نعت التزعم الوجودي لا يليق بغير الفلاسفة، ذلك أن المهمة القصوى للفيلسوف هي أن

يُخفِّف من انفعال التاريخ سواء كان ذلك الانفعال حرباً أم كان وباءً أم كان مشكلاً سياسياً، بسؤال محايث لما يعاني الإنسان، لا أن ينزوي في برجه العاجي، مكتفياً بالتنديد الإرشادي. ومعلوم أن الفلسفة معنية بالراهن وتسجيله، وهذا ما يُسقط عنها الواجب الاستشرافي، وأثر ذلك ما لمسناه في تناول جيجيك، وباديو، لكوفيد 19، فيما ينطلق الأدب والفن من الآني نحو المستقبل بوصفه بورتريهاً لفهم ما حدث، بمعنى أنَّ النوستالجية والاستشرافية هما اهتمامٌ أدبيٌّ وفنيٌّ، وليس فلسفياً، وتأتي رائعة جورج أوريل الشهيرة 1984، الرواية التي مكَّنت المستقبل نفسه من تشريح تأريخه بمشرط ماضوي، عبر قراءة استغوارية فاحصة، أما ما جعل الفلسفة والأدب في تصاهر أبدي، فهو امتلاكهما الجرح الأنطلوجي نفسه لسؤال الوجود، وهذا عينه ما نلمسه في خيالات أم الزين المسكيني، معلنة في ذلك عن تبرمها الواضح من عنصرية الأجناس الكتابية، ما جعل كتاباتها متطابقة ونظرية الأثر المفتوح لأومبرتو إيكو، كأنها في مهمة ترؤس وفد تفاوضي بين الحاسّي والمنطقي في جملة أو عبارة واحدة.

وقد نجحت أيها نجاح في إقناع اللوغوس من أن يُرفه عن نفسه في قبول دعوة الأدب ليتسوَّحا معاً في منتجعات المحسوس، في اعتماد المؤلفة نظرية التفلسف بالوسيط، التي يعدها دولوز مبادرة فكرية أخيرة في تجديد الفلسفة. فمن وجهة نظره أن المفاهيم الفلسفية في حاجة لوسطاء يسهمون في توليدها. ههنا يمكن أن نُفسِّر انسحار أم الزين المسكيني بعالم الفنون والأدب بأنه نابع من أمرين، أولهما: حرصها وتخوَّفها الشديدين على الفلسفة من أن تظل حبيسة دواليب هيجل. أما ثانيهما فيدور في فلك انشغالها في جدية ترميم المنزل الفلسفي بالمتخيَّل. وأرى أنَّ اهتمامها بالفضاءات العمومية ناجم عن إيمانها المُترسِّخ بالحاسّي، وفي ذلك عودة واضحة إلى بواكير الفلسفة؛ فمن المعلوم أنَّ التفلسف قد حظي منذ نشأته برعاية

فنية، وتجلى ذلك لدى يوربيديس، وسوفوكليس، وإسخيلوس. فإن غرزنا النظر في قراءة نصوصهم، سنجد أنفسنا في حضرة فلاسفة استطاعوا كتابة تفلسفهم وتصديره للعالم مسرحياً، إذ الحضارة الفلسفية للإغريق هي شجرة بجذرين هما الأدب والفن، وإنها لم تصلنا إلا من خلال فعاليات الفضاءات العمومية آنذاك، وعلى وفق هذه الرؤية يمكنني أن أسمي المسرح الإغريقي بعكاظ الفلسفة، الذي من دونه لما تواصلت الفلسفة مع رغبتها في تحقيق مبتغاها الوجودي، وما كان لها أن توسع من أفق الاحتفاء بها كونياً، وما كان لتاريخ الحواس المتمثل بالأدب والفنون، أن يكثِّف مجهوداته لتوطيد الصلة بها، وأن يُضيِّفها دونما ريبة ومخاوف منها. بل على العكس من ذلك، فقد كثَّف الفنان والشاعر من اتخاذهما الفلسفة مرآة أنطولوجية يلتقيان فيها مع أثرهما الإبداعي، وهذا الأخير هو فعل بِركاري.

بيد أننا في حيرة من تحديد مَن الثابت ومَن المتحرك في تجربة أم الزين المسكيني، الأدب أم الفن؟ لكوننا إزاء نصٍّ شديد التفطن والحذر من أن يُصنف تحت أي مسمى، أو يندرج في خانة ما. إنه نص لعبي ومعتاص على قراءة أحادية البُعد، بل هو أشبه بوجوه بيكاسو التكعيبية. يعني أنَّ القراءة هنا تستدعي أن يكون جهاز التلقي على تنبّه وتيقظ دائمين، فأي تهاون يصدر منا قد يؤدي إلى الإخلال في المعنى، ولا سيما أنَّ اللغة لدى أم الزين المسكيني تتهاطل على المفاهيم الفلسفية بشاعرية فائقة، وسيولة متنوعة المصادر، ما أضفى صفة الرائع الكانطي على مؤلفاتها. زيادة على ذلك أننا لم نلحظ في جل ما كتبت أنها قد ذهبت نحو الفصل بين نص الحياة، ونص الكتابة. ويظهر أنَّ شاغلها الرئيس هو إنتاج نص متعدد المنابع، أُحادي المصب.

إنَّ كتاب «الفلسفة في الفضاء العمومي» هو جراحة هابرماسية لعملية كبرى

في فتح انسداد شرايين الفلسفة، أملاً في تماثلها للشفاء، بعد أن مرضت نتيجة الإخفاق في التعامل معها على يد فلاسفة الحلقات المدرسية، فيعاود النبض لقلبها، ليزاول أعماله في إدارة جسد الحياة الإنسانية بوصفه منزلاً وجودياً بحسب ميرلوبونتي.

ليس المثقف العمومي هو ذاك المنشغل بتنضيد رومنسيات اليوطوبيا الأفلاطونية، إنما جل ما يهمه، أن يُجوِّد من نزاله المعرفي في علاقة مفتوحة مع أسئلة راهنه الاقتصادي، والاجتماعي، والصحي. فأسئلة من قبيل إمكانية المدينة الفاضلة صارت من مُخلَّفات الفلسفة، وكيف للمثقف أن يكتفي من ذلك بمردودية سؤال سردية الاتصال والانفصال، ونحن بصدد تنضيد سرديات نابعة من كوننا أصبحنا بفضل مواقع التواصل الاجتماعي مخلوقات متصلة على الدوام، ولا يقربها من فرضية الانفصال سوى أوهام ترى في التكنولوجيا حدثاً عابراً. بيد أن التغيرات التي طرأت على السلوك الإنساني تقول خلافاً لذلك.

إنَّ كلمة فضاء ما أن نسمعها يتبادر إلى الذهن أن ثمة فعلاً تمثيلياً قد حدث أو هو بصدد الحدوث، كذلك تشير بالمفهوم العام إلى الحركة والسكون في آن واحد، ويتحقق هذا في الفنون البصرية الساكنة المكانية بشكل عام كالتشكيل، والنحت، وأخرى المتحركة (الزمنية) كالمسرح، والسينما، والبرفورمانس. إذن، فأيُّ فضاء انغمرت به أم الزين المسكيني؟ وما الذي أرادت أن تُصدره، وتعرِّف القارئ به في اتخاذها من كلمة (فضاء) عتبة مفتاحية لمؤلَّفها؟ أكانت تسعى إلى تزويد الفلسفة بطاقة الجسد، وتفعيل احتكاكها بالتحولات الزمنية؟ موفرة بذلك سبيل إعانتها على كسر عزلتها، وجعلها على تماس مباشر لعلَّها تحظى بفرصة البقاء على قيد الفعالية والتفاعل معها، أم كانت بصدد تمرير رؤية جديدة تستعيد بها حيوية الفن والفلسفة من خلال شراكة فاعلة وتفاعلية في آن واحد؟

في محاولة لشطب خطوط الطول والعرض المرتسمة من قبل الأسلاف لمن يريد أو يفكر في أن يتفلسف، على وفق ما سبق، ما المانع إذن من تقديم عروض فلسفية على ركح الأزمات، بدلاً من إشغال الفلسفة بفروض الطاعة والعرفان لسرديات حجر الفلاسفة؟ الأمر الذي يوفر لعشاق الفلسفة المغامرة الوجودية، التي ستُعينهم على اجتراح كوجيطو مترفع عن نرجسيات ديكارت، كوجيطو يشبهنا، وعلى مقاس راهنية الجحيم.

قد يظهر تعظيم الفن مستحوذاً على جميع أفكار وأطروحات أم الزين المسكيني، وهذا، اعتراف دال على تفاعلها المابعد حداثي مع الفلسفة، لكونها من طينة فلاسفة منشغلين بتسخين اللوغوس حاسياً، والتعرَّف على مدى فاعلية الفلسفة من خلال استفزازها فنيا وأدبياً، مثلما فعلها هيدغر في دراسته لحذاء فان غوغ، ودولوز في مؤلفاته عن السينما ولوحات بيكون، ودريدا في تناوله لمسرح آرتو، وفي واقع الأمر إنَّ الآثار الفلسفية لهؤلاء الفلاسفة رسّخت من رؤيتنا الذاهبة باتجاه أن الفن والأدب هما المستند الفلسفي الوحيد لسرديات ما بعد الحداثة.

لقد فعَّلت أم الزين في كتابها «الفلسفة في الفضاء العمومي» مفهوم الفكر المقاوم لأنماط التفكير الفلسفي، المؤسَّس له أكاديمياً، في إزالتها الصدأ عن أقفال الغابر بمفاتيح حداثية، فنجدها تعيد قراءة مقتل الحلاج برصدها لجوانيّة أعراس لوركا الدموية المقام محفلها في جسده، فالشعر من وجهة نظرها منزل يمكن السكن فيه فلسفياً، و«لكن بم تفكر القصيدة»؟ هكذا يمضي بها سؤال إلى نواحي المستحيل الفكري، هناك حيث تلتقي ألان باديو على حدود القلق. كأنها بطور التجهيز لنذر أسطوري أشبه بقربان أندريه تاركوفسكي.

لماذا التفلسف في زمن شبكات التواصل الاجتماعي؟ وأي سبيل نستوعب

بوساطته قدرتنا على إنتاج الفلسفة، ونحن قد دخلنا في يوطوبيات «الإنسان المتصل أو إنسان التواصل»، بحسب الفيلسوف الفرنسي المعاصر روبير ريديكير؟ والواقع أننا في نزوح جماعي من العمومي إلى الافتراضي، وفي ذلك نكون قد أعلنا الانضمام إلى جغرافية ما بعد العمومي الهابرماسي، حيث غُيِّب الأثر المحسوس من حياتنا تماماً، وصارت الإيموجات تنوب عن السيمولوجيا البشرية، وردّة فعل الحواس تجاه أمر أو شيء ما، فنرى «أنَّ الناس قد فقدت الرغبة في تواصل يكون فيه الجسد هو الضابط للانفعالات التي يستشيرها اللِّقاء، ويكون الفضاء شاهداً على تفاصيله، هناك في المقاهي وفي الشوارع أو في الحدائق والمتنزهات والساحات العامة، في الأماسي أو الصباحات المشمسة والمطيرة».

ويتواشج سعيد بنكراد في تشخيصه الدقيق القائل بانتصار الإنترنت على الجسد، وما ذهب إليه روبير ريديكير القائل «لقد انتصر تواصل الشبكات في غياب حضور فعلي أمام العين وفي حضرتها؛ كما لو أنَّ الأجساد الإنسانية لم تعد موجودة، كما لو أنَّها لم تعد سوى أفكار مجردة، خطاطات بلا لحم ولا عظم ولا أعضاء؛ إنَّه لقاء، ولكنه لم يتحقق أبداً، فهو لقاء بلا مكان». أما فيما يخص كتابتها عن الفن فلم تكتف المسكيني بتحرير المحسوس، إنما عملت على الوجود والفن معاً، من خلال تلاقح مرآوي منح الاثنين فرصة التعارف حميمياً، لكونها ترى بأنَّ حياةً بلا فن إنْ هي إلا مخاطرة كبرى، وسلسلة من فصول جحيم يفوق تصورات رامبو.

لقد شعرت أم الزين المسكيني بالحاجة إلى فك التباس الصراع القائم بين الدين والمقدس، فصنعت لنا مؤلَّفاً جمع المتضادين بقراءة حميمية متعمقة ومحايدة في الوقت نفسه، لكنها مضادة لما يُذكر على منابر الموت، وفضائيات المعاول،

فجاءت رؤيتها أنَّ لا أساس لمثل هذه الصراعات في النصوص المقدسة، إنما القراءات المتطرفة هي من أشاعت ثقافة التحريم في تعاملها مع فن الرسم، والنحت، والغناء، فترى «أن الفن ذاكرة المقدس بامتياز»،[19] وهذا كافٍ لتشخيص دوافع بروباغندا النزاع بينهما. غير أن ما تفكر به الجماعات الأصولية يدفع باتجاه أن لا تتم أيّ تسوية أو تواصل يجمعهما، فنراها تدفع نحو ترسيخ الإشكال بين الدين والفن، بحثاً عن بيئة شرعية تُجيز لها قتل الفنان، وتهديم التماثيل، وتخريب المتاحف، وخير دليل ما حدث في مدينة الموصل، والمعرّة في سوريا، وغيرها من مدن عربية أخرى، طالتها يد الإرهاب والتكفير. وفيما الخراب آخذ في التوغل في روح العالم وجسده يحضر الفن بوصفه «انحيازاً لإنسانية تتألم» أنطونيو نيغري.

إنَّ التنقيب في معالم أم الزين المسكيني أحسبه عملاً شاقاً جداً، ليس لأنَّها جمعت بين الشعر والسرد والفلسفة، بتعددية منحت تجربتها الفرادة، بل لأنَّها حرصت على أن يحضر أثرها الإبداعي برسوخ وثقة على طاولة الراهن. ومن عناصر قوتها الأخرى أنها تعتمد الكتابة الفورانية، النابعة من لغة متفجرة بالفجيعة، فيشعر القارئ كأنَّه أمام منظر بركاني. وفي ضوء قراءتنا هذه التي هي في الأصل سياحة فكرية منبثقة من تعميق صلتنا بالوجود، لا بدَّ لي من الذهاب نحو شدّ مفاصل عوالم هذه المتفلسفة برؤية تربط جزر تفكيرنا بأثرها الناصع، من خلال إنزال دلو السؤال عن سرّها الفكري في بئر فلاسفة المحسوس، فمن دون تحقيق صداقة مع مشاغلهم الفكرية، وفهم ما يدور في كواليس ورشاتهم الفلسفية، سوف نخفق في بلوغ سرّها المعرفي.

في الأخير، لا بدَّ أن أُذكّر، أنَّ هكذا كتابات يجب أن تقُرأ بنصاعة ذلك

---

(19) الفن والمقدس.

الضجر البودليري المسحور في تمجيده للحياة بتخشّع صرخته المدوية «أنا الجرح والسكين»؛ فكل الوقائع تشير إلى أن «المراحل القادمة تقضم أظافرها في الزناد». ولكي لا نسمح لنبوءة بول شاوول هذه من أن تتحقّق، يلزمنا عضة مراجعة أخيرة على أصبع الندم، ولتكن ماراثون تطهيري من آثام اقترفناها نتيجة تسليمنا زمام أمر العقول والقلوب بيد دعاة كتب صفراء موغلة في الدم وصراعات الهوّية. وفي أثر هذا، يتوجب علينا أن نستفز خمول العالم بنداء أوكتافيو باث: «أيها الكون، أين يمكن أن يوجد الإنسان، ذلك الذي يمنح حجارة الموتى الحياة، والذي يقدر أن يُنطق الحجارة والموتى».

❋❋❋

طروس فان غوغ

«إنَّ الأصل إنما يعني هنا ذاك الذي منه والذي به يكون أمر ما، ما يكون وكيفما يكون. وما يكونه شيء ما، وكيفما يكونه، ونحن نسمّيه ماهيته. إن أصل شيء ما هو منبت ماهيته. وإنّ السؤال عن الأثر الفني يسائل عن منبت ماهيته؛ فقد يصدر الأثر طبقاً للتمثّل العادي عن نشاط الفنّان وعبره. ولكن عبر ماذا ومن أين يكون الفنان ما يكون؟ عبر الأثر؛ فإنما تدلّ الصنعة على الصانع، فذلك يعني: أن الأثر وحده هو الذي يجعل الفنان يخرج علينا بوصفه صانعاً للفن. إن الفنان هو أصل الأثر. وإن الأثر هو أصل الفنان. لا أحد يكون من دون الآخر، وعلى ذلك لا أحد منهما أيضاً يحمل الآخر على حدة. إنّ الفنان والأثر يكونان أبداً في ذاتيهما وضمن صلة ارتباطهما عبر ثالث، هو قد يكون الأول، أي عبر ذاك الذي منه يأخذ الفنان والأثر الفني اسميهما، عبر الفن».

– هيدغر، أصل العمل الفني

ترجمة: فتحي المسكيني

لم تكن لدى فان غوغ فرشاةٌ، إنما عكاز يُمسِكها بحرارة الألوان، مستدلاً بها

على أخاديد خطوته الداخلية، فكان دخوله عالم الرسم بنيّة تحرير الإله (الوجه) جمالياً، وربما لُيُضيف صمته بما ينطوي عليه من صدىً متفرد، فهو، المتصوّف بلا أسلاف يُذكرون، وهل للمجنون من جذر سوى مأزقه الانخطافي الذي ألقى به بين مد وجزر آنه الأبدي، المتمترس بزمن نضيدته، صمتٌ يمتح إلهامه من طواحين دون كيشوت، إذ «الجنون من فرط الرقة جنون ناعم» موريس بلانشو.

هذا، وقد اعتزل غوغ عن العالم في كهف توهجاته، وزوايا الثلوم الجوّانيَّة لحجره الأنطلوجي، حينما تراءى له الإله فراشة أسيرة في نسيج عناكب اللا جدوى، ولكونه منصهراً بسؤال اغترابه الذاتي، عن صفرية بروقه الحواسية، تلمسَ في التلوين بوصلة داخلية لتوهج صقيل بنيران المتأمل للغز ضربة الشمس الأخيرة الموازية لنرد مالارميه، وهي تنتشر في الروح والجسد.

في جميع لوحاته انصبت مساعي فنسنت فان غوغ على ضرورة تحقيق العبور الوجهي من الموت المتواصل كلحن متباطئ، ذلك العبور المتحرك من (الوجه الملموس) إلى (الوجه المحسوس) الماثل في اللوحة. وإنَّ تحرّكه بين هذه الثنائية، إشارة إلى أنَّه رسام حدودي بامتياز، بمعنى أنَّه في انفتاح إلهامي دائم على لوحاته، والحدود بحسب عبد السلام بنعبد العالي «لا تفصل ولا تفرق، وإنما تُميِّز الأطراف لتربط فيما بينها، وتعترف بالآخر. الحدود وليدة اتفاق، أو تفاوض على الأقل».

وهذا ما يسم وجه غوغ بالإشكالي، إذ هو في مفاوضات دائمة لتخفيف وطأة الصراع بين حدود الوجه، وحدود اللوحة، وكأنَّنا في رؤية متنازع عليها حدودياً، وما الصباغة والقماشة بالنسبة إليه، إلا محاولة في تفتيح بشرة الزمن بتطعيم الموت بالحياة المرتجاة. وقد بدا واضحا أنَّ ترحاله الوجهي هو احتفاء بعلو التجربة، ويمكن عدّ الوجه لديه، معجماً أنتيكياً لشموس الأرق، وكأنَّه

في سعي دائم، إلى أن يجعل من الشمس سيمولاكر وجهياً. بذلك يكون قد جمع بين الاختمار والافتضاح في شكل تصويري واحد، وأن العبور من وجهة نظره لا يتم من دون ارتكاب جريمة صورية تتبناها الفرشاة على القماشة، وإنَّ انهمامه الغوري في ضرورة دوران اللون حول نفسه، تنبّه حسي بقرب نفاد الإيقاع اللوني في الحاسة. إذن، فورية اللطخ اللوني لديه لم تتأتَ من خلال عصابي، كما أُشيع في تقوّلات النقد الضغائني، إنما اعتماده هذه الآلية جاء من رغبته في اصطياد الإحساس الخام للون؛ فالمشغل الغوغي، هو نزال لوني يبدأ من اللوحة، وينتهي في الوجه، فما أن نحدق في لوحة تحمل توقيعاً له، إلا وانتقلت بنا بتخييل ذاكراي مباشر إلى وجهه، وأرى أنَّ كل تلقٍ سيكون منقوصاً من دون الاستعانة بذلك الوجه، بوصفه مسودة أولى للعمل الفني، وهذا عينه ما يحدث عند تأمل فعل، أو كلمة تصدر من مجنون، فليس ثمة مرجعية تُفسر ما يقوم به المجنون سوى المرح الآني للفعل والكلمة نفسها.

لهذا من العسر فصل الجنون الفيزيقي، عن الجنون الإبداعي في حالة غوغ، وهذا الأخير هو الترجمة الأمينة لمأزقه الخيالي، ويمكن عدّ مرحلة التلوين بالسكين، نوعاً من التداوي بالعنف، أو معادلاً صورياً لما ذهب إليه عبد الفتاح كيليطو في الكتابة بالإبر على مآقِ العين، حيث تقطيع أوصال العقل بالجنون الحواسي. والصعود باللون إلى الغيوب البدائية للحاسة، المرتبة التي لا يُنالها سوى المقتفي لأثر سعادة الوحشة في داخله.

«من أي سعير؟ ومن أي فردوس قَدِمَ علينا فان غوغ؟ ثم أيّ سيادة للألم جعلته يقبض على هذه الحصاة، وعلى هذا السوسن، وعلى هذا المستنقع، وعلى هذا المنزل الريفي، وعلى هذه المرأة القروية، وعلى هذه المزرعة الجنوبية، وعلى سنابل القمح هذه، وعلى هذه الكروم، وعلى هذا النهر؟ يا لها من رسوم تبعث

على الخشوع لها! لقد كان يخرج من منزله كثيراً، ثم يشق طريقه بين أشجار السرو الكثيفة، فتحتجب قامته، لكن سطوع نور الكواكب لا يفتأ أن يلتحم بها، كما أنه كان يُحرِّض الريح وهو يرتدي حمالته، ويحمل مسنده الثقيلين، وقماشة رسمه التي كانت خيوط نسيجها تشبه شبكة صيد» جورج نوننمشار.

إن الحديث عن جنون غوغ في الأصل هو قراءة حواسية لوجه مهرج نيتشه، بل هو تطريس لمساء موشوم بحركة الطير الأخيرة، في استقباله لبارودة غاشمة تقطع ابتهاج أجنحته. ولكن أي مرآة ستمكننا من تخمين ملامح غائصة في استتار مهيب ومجهول؟ بيد أنَّ تخيل وجه غوغ بروية يمنحنا جرأة أن نقول بأنَّ هذا الشكل هو البورتريه الأخير للبله الإلهي، بل هو شمس مُكفَّنة ببياض قمر المستحيل، وإن فيضان النمش فيه، إن هو إلا شرارة انقلاب فجري على حكومات النهار.

فمثل هكذا وجوه هي طروس ظلام، وكلما أوغلنا في فتح هذه الطوية، بدا لنا واضحا الجذر الليلي لتلك الشمس المدفوعة بالظلمة نحو انوجادها في أجساد غجرية بجسارة مواجهته لوقاحة أشعة طارئة، همها الأساس نزع السيادة من وجه جمع الإله والشيطان في نظرة ضجرة واحدة، فكانت النتيجة أن أحلامه بدأت تهرب من نظراته الحجرية، غرباناً مذعورة، لكنها ليست كالغربان التي اعتدنا تجمهرها فوق أزبال وجودنا، في انتظارنا ما لا ينتظر: الموت، والحقيقة، إنها أقراص نارية سوداء، منطلقة بمهمة تأصيل قطيعة الفنان مع أفقه الوجودي. «ولن يعرف أي فنان آخر غير فان غوغ كيف يجد من أجل رسم غربانه، هذا اللون الشبيه بأسود الكمأة، أسود الوليمة الفاخرة، وفي الوقت نفسه، كأنَّه براز أجنحة الغربان المندهشة من وميض المساء المتلاشي» أنطونان آرتو.

اللوحة في عالم غوغ هي أطلس وجهي للقلق النابض في قلب الطبيعة الملتوية

حول وجودها بحتمية الغياب المُفاجئ، ويتجلى هذا في «سطوحه المخدَّدة والمتشظية غير القابلة للاستيعاب مهما كنا مأخوذين بصور فنه» آرثر سي. دانتو. فلا أشجار بمقدورها مقاومة بلادة القدر، المندفع نحو زوال إمبراطورية الحواس، وفي سياق هذا التصوّر يغدو فعل التلوين خطوة لتبديد غيمة البلادة الشكلية الماطرة في رأس الفنان، التي انكشف زيف غيثها على يد فنانين كبار، وفي مقدمتهم سيزان: المُفكِّر الأول للون في التحديث الفني، لكن لا يعني هذا أن جذر غوغ يستمد توهجه الخيالي من التربة السيزانية، ولا يحق لنا أن نعتبره أحد ركاب سفينة الحمقى، إذ في كلتا الحالين نحن نمارس عملية تسطيح في وقوفنا على حدود هذا الفنان.

لا تتبع فرشاة غوغ سياسة معينة، إنما هي في اندفاق واندفاع إلى حيث تجد صُهارة الشكل التصوري عالمها البصري، فيغدو دور الرسم حالًّا للعثمات الوجود بالتلوين، وهل ثمة من تبادر إلى ذهنه سؤال شمعة الأرق التي أوقدها غوغ على كرسي غوغان؟ أكانت إدانة عما لاقاه منه من قلة اهتمام واهمال؟ أم رسالة انتظار مجيء مجهول ومستحيل؟ في الواقع، أنَّ كرسي غوغان هو لوحة تتخاصر فيها مباهج وأهوال الاصفرار في انسجام روحاني مع لوحة أزهار دوار الشمس، التي لا تُبصر إلا بعيون الموتى، إذ من غير الممكن لعين الأحياء أن تواجه هكذا عمل فني. فإن احتفينا بها بعمق موازٍ لتفردها، سيتكشف لنا أنَّ غوغ أراد أن يمنح العين فرصة جسارتها القصوى الماثلة في عين ذئب يحتضر.

كيف لحذاء أن يجعل فيلسوفاً مثل هيدغر يتفرغ للتفكير به؟ أهو حذاء عابر كباقي أحذيتنا، أم إنه حذاء المنعرج الفلسفي والجمالي، الشيفرة الدونية، للهوية العليا (الوجه)؟ بذلك نكتشف أنَّ غوغ يقيم فنياً وحياتياً في الفضاء الممتد بين القدم والوجه، فالأولى يستعملها لترسيم الجسد وجدولته بالحركة في الحقول،

مطارداً شبح الشكل الصوري. أما الوجه فهو القدم الحواسية التي يسير بين حركة الموضوعة المراد رسمها، وفرشاته الانخطافية. ولتعميق الانشغال الهيدغري بهذه اللُقيا، يستلزمنا الطواف حول غوغ متسائلين بتفطن فلسفي: لماذا الإكثار من رسم الفنان لحذائه ووجهه؟ وما الخيط الواصل بينهما؟ «وهل هي أحذية الرسام الذي بدلاً عن رسم وجهه البشري المتغطرس اكتفى برسم أحذية بلا وجه؟ ولماذا أحذية بالذات؟ لماذا لم يرسم أي عضو آخر من أعضائه أو أي متاع آخر من أمتعته؟ ربما قرّر الرسّام الاعتراف بها هو أسفل وبمن نمط إقامته في أن العالم يسكن حذو الأحذية.

هناك في وجود بعيد عن المركز، فهو دائماً إضافي أو ملحق ثانوي. خارج عن الاطار، وربّما قرّر فان غوغ أن يُشرف الأحذية برسمها، إنَّ رسم الأحذية ومنحها مرتبة الأثر الفني إنها هو منحها ضرباً من ألقاب الشرف الاجتماعي والسياسي».

تأتي انتباهات المفكرة الجمالية أم الزين بنشيخة المسكيني هذه استكمالاً لمحاولتنا الساعية إلى فك اللغز المحتجب في قطع تلك الأُذن، ثم فصلها عن ذلك الرأس. فهل كان يبغي تحريرها من قفصها المادي: الجسم، وإلصاقها في رأس الوجود، فتصير مع الزمن موضعاً إشكالياً لتأويلات كبرى؟ لذا فمن البلادة أن نفسر حادثة الأذن، على أنَّها حدثاً عرضياً، أو أنَّها قد وقعت نتيجة فشل في علاقة حب. في الواقع، أن كلا الاحتمالين مُستبعد؛ لأنَّها وقعت بطواعية مطلقة من قبل فنان مُفكَّر. فما الذي أراد غوغ أن يقوله في إقدامه على هكذا فعل مزلزل؟ ولماذا لم يفقأ عينه بدلاً من قطع أذنه؟ أكان يسعى لنقل فكرة قتل المحايد من اللوحة إلى جسده؟ فالواضح في تلويناته، أنه منذور للغياب قبل الحضور، وإن فكر في أن يحضر، فسيكون مأخوذاً بالانمحاء الآني؛ فكما هو معلوم لدينا أنَّ المجنون لا

يفصل بين الكلمة والفعل، ومما لا شك فيه أنَّ هذا جاء من سرعة تفطن تأهب حواسه، فكان مصيره أن «يموت منحوراً، لأنَّ جوقة الوعي الكامل لم يعد في استطاعتها أن تتحمله» صلاح ستينية، وتعضيداً لهذه الرؤى يكون الجنون تهمة أُلصقت بفان غوغ ظلماً بدفع من الكنيسة، بوصفها ردّ فعل على انسحابه منها، والعائلة التي أساءت الفهم في التعامل مع خيالاته الجامحة، مع ذلك ليس ثمة عيب من أن يصاب مبدع بحجمه بأرق الخيال.

يحظى غوغ بوجه أسطوري أستطيع أن أُسمِّيه بالوجه النواتي، وهو المنبت الأول والأخير لمجمل لوحاته، ويظهر لي أنَّه عندما أحسَّ بأنَّ وجهه يعوزُه الموت الأسطوري، وضع ثقته الكاملة بالفرشاة لاستكمال ذلك النقص، فجاءت أعماله تلويحاً لولادة الظهيرة اللّيلة، الشاهدة على انسحاب ذلك الوجه. وهذه هي سمة الفنان المطرقي، حيث الذات سندانه الوحيدة الحافظة لأصالة ضرباته.

ما الذي يعنيه الانتحار لفنان برع في استثمار وجوده فاجعةً، دونما توجس لما سيقع، وما سيحدث، وما سينكتب، وعلى الرغم من انتسابه لكتيبة مهاويس الخيال، لم يلتفت لغير تكثيف معانقة المحتجب من وجوده، فجاء موته الكارثي تجريحاً بذلك البياض الشرير: الموت المقاسي، لأنَّه الابن البار للحظة، للهزَّة الفجائية، ومثلما أراد للوحاته أن تحفل بمواجهة شرسة مع العالم، لم يتوان في تبني خاتمة مأساوية مفتوحة على تأويلات كبرى، وأهمها: ما ردَّة فعل ذلك الوجه عندما صوّب بالرصاصة على رأسه؟ وهل رحل معه؟

إنَّ انتحار فان غوغ هو رجّة فكر في مقام موت لا ما يوهب لغير الخيال الساهر على مراحل ولادة انسحاق الأنا، وإعاقة محاولات إبادة تلك المسافة الممتدة بين الأرق الحواسي، وفرشاة شاغلها الرئيس تدوين ارتجاج النظرة

الأخيرة لفهود الخيال: العين المُسلَّحة بفجيعة الجمال، وإن أردنا أن نخلص إلى توصيف دقيق، ومتفرد لتجربة فان غوغ، فبلا شك، ولا تردّد، أقول: إنَّها عملية استصلاح الوجه فنياً.

ما السرّ في أن النظر في وجه غوغ يضعنا في مكاشفة سرانية مع ما يحتجب عن الرؤية في وجوهنا المُعبأة بطموح الصورة في أن تحوز حصَّتها من حدّة وتفطن عيون الموتى، التي ستمنح المتلقي مشاركة حسية وفكرية فاعلة في هذه الأعراس البصرية.

الرسم ليس مجرد تلطيخ لوني على القماشة، ولا مجرد لعب شهيق وزفير يمارسه الفنان مع محنته. إنه ردم للهوة العاتمة الآخذة في الاتساع وجوديا في روح الأثر الإنساني وجسده، وما تربطه به من علاقة مع الأشياء، وتجلى هذا في رسم غوغ لغرفته المتوحشة بسكون لم تبلغ سرّه سوى الدماء الحسية المراقة على القماشة. وما الرسالة التي أراد إيصالها في رسمه لغرفته الخاصة، وفي تواجده في الحقول، والغابات؟ أكان يريد استبدال المكان المادي، بالمكان الحسي المُتخيل؟ وحسب هذا الاحتمال يمكننا تسمية لوحة غرفة الفنان، بالغرفة الحقلية. زيادة على ذلك ثمة ما يُميز مخلوقات غوغ أنها لا تقل سرابية عن بورتريه الوجودي (الوجه)، لكنه سراب حسي، يضطلع بتصدير الأطياف على الأصل، تسحب العين إلى حيث يتكاثف الغواش، لتختبر حدّتها في شكل لا ينحدّ. وبقدر ما تكون هذه الأعمال مؤذية للعين، بقدر ما تُنشّط من أعصابها، دافعة بها صوت الصفاء، والتقزّح الخيالي.

الوجه هو فخامة الفضاء التأويلي في مواجهة مع الفراغ بوصفها منتوجاً استهلاكيا للعين المُجردة، فيما الفضاء هو تلك الشيفرة التي لا تُحل إلا بالعين المُسلَّحة بأفق المنامات المُشابهة لخيالات غوغ، التي لا تقل غموضاً عن التباسه

الوجهي، المُسرَّبة من وثيقة السيمولوجيا الجسدية الوجودية، إلى كتابه البصري، وما يلفت الانتباه في ذلك أن الجامع بين الوجه واللوحة في عالم غوغ، هي لعبة السطوح الدورانية المتأتية من رغبة العمق في إدامة الإخفاء والتستر بالبروز الشبحي، المصاغة ملامحه من قلق الهيأة المتوحدة مع الشجرة، والسهل، قبل الإنسان، وفي اعتقادي أنَّ التزامه التخشّع الدائم بين يدي الطبيعة، كان بدافع الإصغاء لذلك الوجه العشبي. وفي هذا يُثبت فان غوغ تحفّظه من الإذعان لجبروت المدينة من أجواء تقطع الطريق عن مكاشفة تُروحن الحواس، وتبعث في الموجود قلق الوجود الذي يؤهله لأنَّ يفوز بالجسد البئري، ومصافحة أسراره بالدلاء الخمسة.

فكلما اغترف الفنان من ينابيع هاويته، حينذاك يُدرك أهمية وقوفه على المحكّ المسنون بإدامة تخشّعه في معابد صمته، فما يميز صمت الفنان أنَّه مفارق، وممتد من الحركة إلى أثرها في الأشياء، ومن النظرة إلى كلمتها في ما نتأمل، وهذا ما ينطبق على كلام المجانين، فإن عدنا إلى النظر في كلامهم، نجد أن المجنون لا يتكلم إنما يقتفي أثر الصمت الكامن في الكلمة. أو بالأحرى في تذكر الكلمة لحركتها الأولى.

في مذكراته يسلك المخرج الإيطالي فيديريكو فيليني طريقاً مغايراً في حديثه عن آلية اشتغاله السينمائي في قوله: «أنني أُفكر من خلال الوجوه». كأنَّ الفن بمجمله من وجهة نظره هو نزال وجهي، بيد أنَّ كلمة (أُفكر) قد أسَّست لكوجيتو مغاير يتقاطع ويتعارض مع رهان اليقين الديكارتي، المرتكز على اقتران الفكرة بالوجود. أما في المنظور الفليني، فالتفكير، هو هرولة بين اتصال منفصل، أي ثابت: (الوجه) ومتحرّك (اللوحة) لأجل الامساك بزمن الاتصال الفعلي، ما يضعنا أمام صنفين من الوجوه: وجه منفصل عن أثره كما في حالة همنغواي،

وإليوت، وبيكاسو، وماتيس، وسلفادور دالي، وأندريه بريتون، وآخر متصل، كوجه: كافكا، بوكوفسكي، السياب، بول شاوول، سعدي يوسف، فان غوغ، بيرو بازوليني، ويضطلع الوجه المتصل بمهمة توتير الأثر بالذاكري، في انشباك نسيجي دائم، فيغدو الوجه إقليداً للأثر الإبداعي. وهذه من سمات الوجه الحليف، المأخوذ بعاجلية إعادة إنتاج إيقاع خصومته، مع مسوَّدته الأولى.

❋❋❋

كيف نأكلُ عرضاً مسرحياً

– هاملت

ماذا سيحدث في حال انقرض الجسد، وكيف سيكون مصير المسرح من دونه؟ في الإجابة عن سؤال كهذا ينبغي إعطاء الفرصة للجسد نفسه في رسم عوالمه التي ارتبط بها المسرح منذ الإغريق أصالةً إلى آنهِ الغارق بالعولمة والرقمية اللتين اغترفتا من الجسد فواعلهما الموضوعية والفكرية في التهامهما للجسد لكونهما تريان ألّا تربة خصبة لاستزراع شجيرات التثاقف واستنباتها كونياً سوى الجسد، وفي هذا ملمحٌ لكانيبالية حديثة أكّالة للجسد بوصفه طعاماً إنثريولوجياً، ولأننا في زمن (التهامي مضغي) يلزمنا، بوصفنا فاعلين في إنتاج الفنون وتلقيها، إيجاد مستوى جديداً من التلقي بمقدوره تحرير الخيال من كسل الواقعية والفن المتأنق.

ولا تتحصَّل هذه السمة إلا في المتفرج الكانيبالي المزوَّد بحواس التهامية لظِلالها المقيمة في الآخر المُجسَّد لفعل الزمن لدى الخلاّق البصري. فإنَّ التدرع

بهذا النوع من الكانيبالية يُضفي على المأكول صفات المذاق المحضور للحركة السرية للوجود المتخفية في العمل الفني، فثمة قبائل بدائية تدعو لامتصاص الزمن في أكلهم ومضغهم لأجساد الموتى.

إنَّ التلقي الكانيبالي ينتج عن تعقب الخيط الحواسي الجامع لإيقاعات الفعل والحركة لدى كل من المنتج البصري والمتفرج، في عملية استئكالية يكون فيها الجسد منذوراً للذوبان في الآخر خيالياً، تغادر به الحاسة إيقاعها الاثنيني لتدخل في الواحد اللامحايد، وأعني بذلك نشوب صراع فرنكشتايني، ما يهدد الهوية الحسية للأكال البصري. فنحار في أيِّهما قد امتص هذه الحاسة من تلك، وفي أيّ منهما حلَّ الزمن، ما يدعو الى اتساع دائرة الصراع الكانيبالي بين الآكل والمأكول.

إنَّ لكانيبالية التلقي المسرحي مزية الفعل، حيث الانوجاد الفعلي والتفاعلي للجسد هو من يُدير قواعد الالتهام والمضغ؛ إذ بتوفره يحق لنا التفكير بأنْ نأكَلَ عرضاً مسرحياً، لأنه هو الفعل وزمنه في آن واحد، ويعد الأكل من الغرائز التي يكون فيها حضور الحاسة تأكيداً لزمن الجسد نفسه، وممارسة العملية الجنسية ليست بعيدة عن ذلك، فهي مسرح كانيبالي أيضاً لكنها من نوع آخر، إنَّ النظر في مشهدية الالتحام الجنسي يكشف لنا تضاريس الذهاب نحو إدماج الفعل الذي يحيل إلى الجسد اللانهائي، ذلك المفتوح على احتمال بلوغ كثافة الإيقاع الحامل للزمن الواحدي، فكنيبالية إيروس تختلف عن كانيبالية الفن المسرحي، بيد أنَّ الإثنين لا يتحقَّقان إلا في وجود الجسد؛ ذلك لأنَّ «الطعام والجنس متلازمان مجازيا» كارول م. كونيهان.

ولا حاضنة حَصانية لطاقة هذا التلازم المجازي وحيويته سوى الجسد، ويفصل شتراوس بين لحوم صالحة للأكل، وأخرى صالحة للتفكير، وقد لامس الطرح الشتراوسي أطروحاتنا حول (المتلقي/ أو المتفرج الكانيبالي) إذ من دون

إشاعة الإيقاع (الإلتهامي المضغي) تخبو الحاسة ما يجعلها عاجزة في تثقيفها للعقل خيالياً.

إنَّ حضور المتفرج في صالة العرض إشارة جلية إلى أنّه قد صار شريكاً في فضاء الرؤية، فمن منظور كانيبالي تعد المشاركةُ في الفضاء دعوةً واضحةُ للالتهام والمضغ، إذ لا يعبر من الجسد إلى الحاسة إلا في المشاركة، وهذا عينه ما يحدث في الاشتباك الإيروسي، فإن نظرنا في حركة الفعل الجنسي، سنجد أنفسنا أمام عرضٍ مسرحيٍّ كانيباليٍّ، بل ثمة أمرٌ لافت هو أنَّ في عروض الجماع يكون فيها الممثَّل هو المتفرج نفسه، وهذا ما يحتاجه المسرح اليوم، وهو أن ننتقل من عرض مسرح إلى عرضٍ لحمي حواسي.

✳✳✳

كيف نشمُ عرضاً مسرحيّاً

يتحدَّد الشكل الحسي للمسرح في اجتياز الممثل خط اللغة بتأمل اللغة، بتحويل المنطوق إلى رقص بصري في مذبح العدم المتمثل بالجسد. والأخير ما إن يحضر تُزاح الستارة عن منطقية العقل، فيتحوّل إلى إيقاع حاسي، إذ لا حضور للعقل في الفن، بل ثمة انوجاد روائحي، ولمسي، وشمي، وبذا يرتحل كائن التفكير النيتشوي من جغرافية المنطق التي هي العقل، إلى البحث عن إيقاع تضاريسي متمثّل بالجنون، والجسد بالنسبة للمسرح هو العقل الأنثروبولوجي المعني بإنتاج فلسفة تأخذ على عاتقها اجتراحات بصرية مستقاة من اشتعال الوفرة الحاسية العاملة على مزاحمة الوقائعي بالأنثروبولوجي. ويبدو أنَّ إصرار باربا على ضرورة مسرح ثالث جاء من رؤى معمقة بأننا إزاء ارتحال من الممكن إلى المستحيل، أي من الطبيعي إلى الميتافزيقي. فالعقل تصور، أما الحاسة فمعنية بالتخييل، وعلى وفق هذا نرى أنَّ الجنون هو ارتحال من المنطقي نحو الحواسي لإيقانه من عجز الأوّل.

لقد أثبتت دراسات المسرح الطليعي بأنَّ اللغة فطيرة طازجة في فرن العلامة الذي هو الجسد، وأنَّ التسليم لهذه الرؤى يضعنا أمام رؤية تقول بأنَّ المسرح فنٌّ

وَخزي أكثر من باقي ضروب الفن الأخرى؛ لأنّه يعتمد على التلقي الحواسي الحدسي منه، بخلاف ما يحدث في الفنون التشكيلية ومستويات قراءة العمارة؛ ذلك لأنَّ جميع هذه الفنون تنطلق من مراكمات حدسية، إلّا المسرح فهو فن الآن، وأعني بذلك فن التنزه في الأجساد المضادة، أي تلقيات المسّ، القائمة على الموفور الارتدادي، الذي هو أشبه بهوس شاماني، حيث يقوم الجسد بإدارة لعبة المسّ والمسّ النوعي، ففي الفن التشكيلي يأتي المتخيل بإيقاع تكافئي ناجم عن استشارة عقلية للحاسة، أمّا في المسرح فهي مشروطة بتغليب الدفق الحاسي الذي يعمل على اعتماد التنديد بالعقلي، وبذا يجوز لنا عدّ المسرح من فنون الجنون، إذ لا عقل للمجانين سوى أجسادهم، سواء أكانت متحركة أم محنطة في فضاء الحاسة، والدراما المسرحية هي فنّ مسيٌّ، وثمة قواسم مشتركة أخرى تجمع ما بين المسرح والجنون، منها أنَّهما يتصاهران باستلحاق العقل بالمقام الحواسي وليس العكس، ولأنَّهما يلعبان في الضائع الفكري؛ فإنَّ غياب العقل عند كليهما يُعد مسلمة أكيدة، فليس ثمة مسرح بلا محو.

إنَّ الدخول في لعبة العلامات هو إشارة واضحة إلى أنَّ الجسد هو جغرافية الدراما أي هو المكان الحواسي ويقارب هذا عالم الجنون الذي يرى فيه المجنون بأنَّ مهمته تكمن في قطع صلة الجسد بالعقل، والاكتفاء بذهنية الحاسة، ويرجع الفضل في ذلك لأنطونان آرتو، المفكر المسرحي الذي اجتهد في تحرير الخشبة من العقل والزجّ بها في فضاء الحواس، أي عمل على «تخليصها من ثنائية السيد والعبد في مغادرته للنص» جاك دريدا.

في العودة إلى عتبة كتابتنا هذه، يلزمنا العمل جاهدين على تزويد خيال التلقي بكانيبالية الأنف باقتراح متفرج جديد يحظى بإمكانيات تفوق المهام الرئيسة للحواس يسمى «المتلقي الذئبي»، ذاك الذي يعمل على تنشيط الخيال

وتخليصه من كسل الحواسي الناجم عن اعتماد المهادنة في مبادلة بصرية فاقدة لإيقاع الاحتدام. فحين ترتكن الحاسة لتقبُّل الاعتيادي، يُصاب الخيال بالعطل، وينكمش على الممكن الحواسي مما يُعيقها من الوصول إلى المستحيل المجهول الذي من سماته امتلاك إيقاع غوريّ مهمته المناقلة الحاسية من المبتذل إلى المتسامي.

***

عبقرية الرخام

«في النحت تتجلّى قوة الحجارة التي تريد أن ترتفع، كما لو أنَّ للحجر أجنحة؛ وهي رغبة الإنسانية كلّها في الصعود والعلوّ، كما هو الشأن في الفكر والشعر، فلماذا نستثني النحت؟».

– يانيس ريتسوس

أين تُقيم لحظة الومض الإبداعي؟ وكيف يُستفز الزمن في الوصول إلى سر ذلك الحجر؟ وماذا لو تناقص المنسوب الخيالي لدى الفنان، هل سيكون بمقدوره الدخول في حوار إلهيات مع الحجر؟

تأتي هذه الأسئلة عتبةً استفهامية ربما تُمكّننا من التزوّد باقتراف تأويل وتفكيك، نستطلع به مصادر فوحة العبقرية في أجساد رودان، ذاك الخلّاق الرخامي، ومخلوقاته المستفزة للامتلاء بفراغ الصمت دونما توسلات بضرورة تذويب الجسد سكونياً، حيث يعمل على تأكيد الاعتكاف الإيروسي للجسد بانعتاق الحركة الباعثة على إعادة تطويب السكون بانفلات حجري يرفع من

مقام سكونه، وكأنه يرصد لحظة الاحتضار الحجري للجسد، الزمن الذي يكون فيه الصمت هو الزائر الأبدي لمتاحف اللَّحم الكريستالي الذي برع رودان في طبخه وجبة طعام أسطورية لآلهة الجمال عبر الزمن.

من وجهة نظر تأويلية أرى أنَّ رودان لا يملك أعمالاً فنية، إنَّها أوكاراً رخامية لا تُقتحم إلا في التحام الحاسة بالجسد الروداني، فيغدو المقام النحتي إيقاعاً مرآوياً؛ بعبارة أخرى: إنَّها لحظة انشطار واحدي مُدَّعم بفطنة المرآة في الالتفاف حول المحو المنبثق من معاودة الجسد للحضور بين حدَّي الضد والمضاد. الأمر الذي يجعل من فعل السكون المادي معادلاً زمنياً لحركة الحاسة، ما مكَّن رودان من كتابة جسد رخامي موازٍ يُقرأ خيالياً، لكونه يرى أنَّ فعل الجسدنة يتحقَّق في استدعاء التوجس الداخلي للجسد وليس الاكتفاء بنحت الجسد، وتعريضه لشمس الرؤية.

إنَّ التفكّر في العالم الروداني يشير إلى أنَّ الإيقاع الفني لمجمل ما خلق لنا من كهوف جمالية وأوكار هو الجسد الرغبي، فيبدو للمتلقي البوليسي أنه يعمل على كسر انطواء الجسد بالكتلة التي هي مصدر ذاك الانطواء، فهو يرى أنَّ الحسي واللمسي سيان، وأنَّ الجمع بينهما لا يأتي إلا من يقين ثنائي بتشطيب العالمين والانوجاد في تحالف فكري كريستالي يتنفَّس به الجسد هواء تعدده الواحدّي. وبعد هذا كله، ألا يحق لنا أن نصنفها بالأوكار؟ فهو ليس وصفاً بدافع المبالغة والتهويل، بل لما انطوت عليه تلك الأعمال من كل هذا التفرد.

أيُّ هواءٍ يشق يد رودان وهي تزحف نحو عدمها المتأرجح بين بياضي الحركة الأخيرة المتمثلين بعبور الفعل من لَحمية التّخييل إلى رخامية الرؤيا الراصدة لتذكارات اشتباك اليد مع الكتلة، ذاك هو الخطف الإبداعي الذي يبلغ فيه الفنان مباهجه اللامرئية، في مسامرته لعرّافات الفكر الفني، ومدى فاعليتهن

في استنطاق لحظة الانطواء السحري، المرتبة التي ينبغي على الفنان بلوغها، وقد امتلك رودان أوديسية اليد المنهومة بالتهام الجسد بالرخام، بل استطاع بتكثيف العمل على ثنائية اليد والكتلة، اجتراح نصية جديدة، هي كتابةٌ بالرخام، المغامرة التي برع فيها مايكل أنجلو. مع ذلك اجتهد رودان في تغميض ألواحه بكتابات بصرية ذهبت بمشغله نحو وكرية متفردة عالية المستوى.

ماذا كان الجسد قبل أن تفكر يد رودان مجازفةً بترجمته رخامياً، أكان شجرة من لحم أم هواء يمتد من صوت الفعل الغائب ليتلاشى في الموت الحاضر في عيون النمور الليلية: الحواس، وهي ترصد انقلاب البياض على أبيضه الذي لا تُمَسّ نصاعته إلا في استنفار ليلي يقوده الجسد، جسد البياض أم بياض الجسد؟ أم موت البياض في حدقتي انطواء النمرة على أثرها، في تكثيفها التواجد في غابة الرخام التي لا وجود لغير الرغبة فيه. إذ في أوكار رودان الجمالية تتوكد حيوية الحضور الدرامي، كأن الجسد في نزال ينهي الانطواء بضرورة ترسيخ انطوائيته، وتنكشف هذه العوالم في الحركة المتباطئة نحو سواكن وانحناءات فارطة.

ماذا بعد الانطواء؟ يسأل رودان أجساده المقيمة في كهوف سؤاله الرغبي، فتجيبه عبقرية الرخام: بعد البياض موت، وبعد الموت بياض، وفي كلتا الحالتين الخلود للحجر الذي عرف أنَّ موته قد نفد، فقرر ألّا يموت من جديد، كي لا يُدرج في لوائح نافدي الخيال.

إنَّ الجسد بالنسبة لرودان أرخبيل خيالاتٍ شريرةٍ سائلةٍ، الإقامة فيه من وجهة نظره تتطلب توافر إيقاعاً ليلياً، يكثف من مُلاسَنات الحركة والسكون، الفعل الذي يخطو به الشكل البصري خطوات جادة نحو الانقلاب على الجسد التوافقي بجسد إشكالي ناصع الغواية والحضور، النظر اليه يحتاج إلى عين تلسع، فهو منحل كبير للرغبة والفكر، وما رودان إلا نحّات هوائي في أوراش

البياض، وضليع بترجمة اللحم رخامياً دونما خيانةٍ تُذكر. أما العري فهو شقاءُ نرسيس وترداد احتضاره «ها أنذا أهلك بالجمال، أهلك لأني أشتهي نفسي في عريكم، أيها الشيطان الشهي، أيها البارد الجذَّاب! ها هو، في الماء جسدي، جسدٌ من ندى وقمر» بول فاليري.

⁂

الفهرس

175